明末才女
叶小鸾

琴书为伴　人间清欢

才女书系

张觅　著

中州古籍出版社

前言

　　叶小鸾，字琼章，又字瑶期。明末文学家叶绍袁和沈宜修的第三女。幼即灵慧。三四岁时，经长辈口授《万首唐人绝句》《花间》《草堂》诸词，"皆朗然成诵，终卷不遗一字"，四岁能诵《离骚》，十岁归家，十二工诗，十四能弈，十六能琴，兼工书画。诗词灵秀清美，有大家风，无脂粉气。清代词学家王昶将她誉为"明代闺阁第一人"。

　　除了天赋异禀，叶小鸾还具有绝世之姿，惊人美貌。在襁褓中已经"眉目如画，宛然玉人"，初长成时更是惊艳了家人。有评曰"王夫人林下之风，顾家妇闺房之秀，兼有之耳"，"十七年袅袅素姿，亭亭香阁"，"佳人真绝代，迟日照新妆"等。

叶小鸾又生性仁厚，识见明达，从不恃宠而骄。她与兄弟姐妹素来友爱，还悉心指导贴身婢女红于诗词，使之精通文墨。因此，小鸾最为父母钟爱。

明代以前，就有许多女性作家闪耀文坛，如汉代有班昭、蔡琰，魏晋南北朝有左棻、谢道韫、鲍令晖，唐代有薛涛、鱼玄机、李冶，宋元更有李清照、朱淑真、魏夫人、张玉娘、管道升等。晚明时期，才女及其作品数量都远远超过了前代。据胡文楷《历代妇女著作考》统计，汉魏六朝共有女性诗人23人，唐代有22人、宋代有46人、元代有16人，总共117人。但明代女性作家则多达243人，超过历代人数的总和。这是因为晚明时期，王阳明心学崛起，其后继者李贽则提出"童心说"。徐渭的"本色论"、汤显祖的"至情论"、袁宏道的"性灵说"、冯梦龙的"情教说"，在当时都具有深刻影响。晚明文学家认为，好的文学是人内心自我的真实表达，强烈追求个性解放，主张抒写性灵。而女性文学强调内心情感的细腻表达，展现精神世界的丰富与深邃，与当时文学所强调的重点相契合。文学家们开始重视对女性的文学教育，并热衷于研读女性诗词，大力推赞女性才情。正因为如此，当时经济最为发达的江南地区涌现出一大批女性作家。

女性作家天生善感细腻，虽然被局限在闺房之内，但她们用极其敏感的心来捕捉周围一切微小而清妙的变化，并用清新流丽之语体现在诗词之中，让人们惊叹女性心灵世界的渊雅丰富。而叶小鸾便是其中翘楚。

叶小鸾的诗词婉雅秀丽、清新灵隽，毫无纤媚之态，也无浓艳之辞，而偏向明洁幽静、清幽出尘，宛然有超逸萧散的林下之风。她深受李清照的影响，精于炼字，而意象选择上又偏向清新，有自然清雅、轻巧明丽之感。

叶小鸾的作品主要体现出如下几个特点。

一是题材狭窄。因为小鸾本身接触面十分有限，她所能涉及的题材无非是风花雪月、四季流转，或是父母亲情、朋友之谊。平常，小鸾活动的范围主要是午梦堂内。午梦堂内遍种花草，而她的诗词中几乎将这些花草全部吟咏到了。惜花即是惜己，写花也是写人。她的生活环境基本上是封闭的，而她内心的情感却是极丰富细腻的。

二是格调高雅。叶小鸾自小接受到良好的教育，琴棋书画样样皆通，具有多方面的文艺才能。其母亲是有"明代李清照"之称的沈宜修，叶氏姐妹也均有文才，琼映玉辉，惊才绝艳，可谓是满门风雅。叶小鸾与姐妹们吹箫弹琴、烹茶下棋、围炉夜话、吟咏飞笺、诗笔畅答、翰墨书香……种种风雅之事，也记录在了她的诗词之中。

三是清新灵秀。叶小鸾写作纯粹是为了自抒怀抱，写的是发自内心的东西，毫不矫揉造作。她在诗词中融入了自己真实的情感，展现出闺中女子丰富纯净的精神世界。千百年之后仍然感动人心。

四是忧郁哀艳。虽然晚明张扬个性，重视人的天性，当时不少文学家对女子的聪明才智也给予了充分肯定，但是并没有真正把女性从现实生活的桎梏中解放出来。而女性的思想得到启蒙、智慧得到开发，却仍找不到施展才华的平台，她们中的绝大多数仍然被限制在家庭之中。叶小鸾也是如此。因此，她的诗词中，伤春悲秋的内容所占比例不小。即便是盎然春意时，小鸾也禁不住涌起芳华空逝的忧伤与恐惧。而秋意萧瑟更会引发她生命零落的无常与沧桑之感。当然，她也有格调欢快、明净轻盈的小诗或者小词，反映出少女的青春活力，但这些诗词在小鸾的创作中并不占主流，她似乎无时无刻不在忧郁着。

五是超凡脱俗。叶小鸾性高旷，厌繁华，爱烟霞，通禅理。虽然小鸾不能像男子一样去各地游览，见识名川大山，但她对山水依然充满了神往和憧憬。当时明代的佛教思想广为盛行，平日里，小鸾和姐妹们除写诗、作画、弹琴外，还参禅礼佛。现实的不自由，使得她更渴望能有一方安放心灵的仙境。山水之思和游仙修禅之意结合起来，这让叶小鸾的诗词隐然有清幽出尘之感。

然而，如此出众的才女却在婚前五日猝然病逝，年仅十七岁。她的离奇死亡至今还是个谜，不少研究者认为是小鸾心理上对婚姻的抗拒所致。本书也持这一观点。

叶小鸾与姐妹们的创作都是写完之后即将文稿投入诗筒。叶小鸾去世之后，父亲叶绍袁在诗筒之中整理出她的遗作，共有诗103首、偈1首、词90首、曲1首、拟连珠9首、序1篇、偈2篇，编辑为《返生香》。舅父沈自炳为《返生香》作序，在序言中说："《十洲记》曰，西海中洲有大树，芳华香数百里，名为返魂，亦名返生香。笔墨精灵，庶几不朽，亦死后之生也，故取以名集。"叶绍袁将《返生香》收入了《午梦堂集》中，流传后世。

在对叶小鸾的研究中，有一个有趣的观点，即认为叶小鸾就是《红楼梦》中林黛玉原型。叶小鸾曾做下《莲花瓣》一诗："一瓣红妆逐水流，不知香艳向谁收。虽然零落随风去，疑是凌波洛浦游。"曹雪芹《红楼梦》中林黛玉的葬花词"未若锦囊收艳骨，一掊净土掩风流""侬今葬花人笑痴，他年葬侬知是谁"等似是脱胎于此。《红楼梦》七十六回中，林黛玉与史湘云月下联诗，黛玉所对的"冷月葬花魂"也是由叶小鸾的"抛弃珠环收汉玉，戏捐粉盒葬花魂"诗句化来的。叶小鸾与林黛玉同为年少夭亡，又同是明慧灵隽、风露清愁、孤高自许的少女，曹雪芹的祖父曹寅又曾与叶小鸾的六弟叶燮往来甚密，因此，有研究者认为，叶小鸾就是《红楼梦》中"世外仙姝"林黛玉的原型，也颇有几分可取之处。

谭正璧在《中国女性文学史话》中说："每个著名的女作家的身世都带有浪漫的意味，仿佛她的本身就是篇绝妙的文学。她们的作品又是她们身世的写照，所以即使她们的历史一字一句都不遗留到现在，只要作品留存，我们便可窥见她们身世的一斑。"关于叶小鸾的研究资料并不多，而且目前市面上也还没有一本专门研究她的专著,本书力争从叶小鸾的诗词和《午梦堂集》的相关研究资料中，还原晚明时期一个真正的绝代才女。因本人能力有限，如有错误疏漏处，恳请读者朋友批评指正。

目
录

梅花　叶小鸾

窗前几树玉玲珑，半带寒烟夕照中。

啼鸟枝头翻落絮，惜花人在画楼东。

第一章
诗书世家：
东风空递双鱼信

琼枝玉树，交相映带

万历四十四年（1616）三月，正是草长莺飞、繁花似锦之时。这个月初八的清晨，苏州吴江汾湖的叶家午梦堂，叶绍袁和沈宜修的第三个女儿出生了。

襁褓中的小婴儿玉雪可爱，叶绍袁喜出望外，给婴儿取名叶小鸾，取字琼章，又字瑶期。鸾是神话传说中凤凰一类的鸟，琼章是对诗文的美称，可见父亲对这个刚刚降临到人世间的女儿寄托了极美好的期望。

叶小鸾也的确没有辜负父亲对她的期望，长大之后，她果然惊才绝艳，"倾国殊姿，仙乎独立，倍年灵慧，语亦生香"。

晚明时期，才女辈出，叶小鸾和她的姐妹在当时的文坛上也是闪耀一时。《彤奁双叶题辞》称："吴汾诸叶，叶叶交光，中秀双姝，尤余清丽。"在叶氏姐妹中，叶小鸾尤为出类拔萃。她不仅容采端丽，明秀绝伦，且幼而奇慧，初学诗词即卓然成家，风格隽永清逸。她四岁通《离骚》；十岁做对句；十二岁便工诗、善词，"情深藻艳，宛约凝修"，"如玉山之映人，诗词绝有思致"；十三岁工篇章，并古文及齐梁体，被誉为"笔墨精灵"。她生性仁厚，可称得上是才色并茂，德容兼备。清代词学家王昶将她誉为"明代闺阁第一人"。

她的父亲叶绍袁，字仲韶，小名宝生。明末文学家，吴江汾湖世家叶氏第二十四世。叶绍袁是明天启五年（1625）进士，家学渊源，诗文俱佳，十五岁便中了秀才，文章更是赢得了"知是十年梨花枪，海内当无敌手"的美誉。

小鸾之母沈宜修也是明末著名才女。她来自同邑的另一书香世家松陵沈氏。沈氏以戏曲闻名，称"吴江派"，与同时代以汤显祖为代表的"临川派"齐名。沈宜修熟读经史，博通典故，流传作品极多，素有"明代李清照"的美誉。学者张仲谋说："明人称道女性诗人，动以李清照作比，实际相去远甚，而相近者当推沈宜修。"她的风格也直接影响了叶小鸾。

叶小鸾的出生地吴江，气候湿润，土地肥沃，风景旖旎，地灵人杰，民喜诗书，"多闻弦诵之声，久负科名之盛"。早在西晋时期，诗人张翰就曾写下《思吴江歌》："秋风起兮木叶飞，吴江水兮鲈正肥。三千里兮家未归，恨难禁兮仰天悲。"据《世说新语·识鉴》："张季鹰辟齐王东曹掾，在洛，见秋风起，因思吴中莼菜羹、鲈鱼脍，曰：'人生贵得适意尔，何能羁宦数千里以要名爵！'遂命驾便归。"

李白有诗赞曰："君不见吴中张翰称达生，秋风忽忆江东行。且乐生前一杯酒，何须身后千载名。"历代文人墨客，如陆龟蒙、张先、梅尧臣、苏轼、辛弃疾、姜夔、吴文英、蒋捷等人都曾为吴江留下诗文。

叶小鸾的父亲叶绍袁、母亲沈宜修来自吴江汾湖之畔的两个书香世家，吴江叶氏和吴江沈氏。汾湖，位于吴江县东南六十里的芦墟镇西。吴江叶氏，明清两朝中进士者8人，纵跨七代，所谓"七世进士"。吴江沈氏，中进士者有9人，仅万历年间同一辈人中即有5人先后中进士，被誉为"沈氏五凤"。叶氏以诗书传家，沈氏以曲学名家。时人周铭《松陵绝妙词选·凡例》评价曰："家事清华，一门鼎盛，父子兄弟，皆善词藻。所著诗余，如百草流书，光采焕发。"当时的人评价叶沈两家为："沈氏一门，人人有集；汾湖诸叶，叶叶交光。"

叶小鸾的母亲沈宜修，字宛君，是沈家"五凤"之一沈珫的女儿。沈珫曾任山东东昌知府。沈宜修八岁丧母，父亲又宦游在外，自幼由姑母抚养长大，但她极爱诗词，无师自通，四五岁即"过目成诵，瞻对如成人"，经史词赋，过目即终身不忘，"幼无师承，从女辈问字，得一知十，遍通书史"。

当沈宜修年龄尚幼之时，即能"秉壶政，以礼肃下，闺门穆然"。如此年纪的女孩儿便能独立操持家务和照顾自己，而且落落大方，深具名门闺秀气质，这让她的堂叔父沈瓒非常惊异和欣赏。沈瓒与叶绍袁的父亲叶重第同籍，交情深厚，曾经对叶重第说："家季玉有女，宪副公字。甄后弄书之岁耳，母亡而条条娓娓如也，长必贤，是有贵征，盍以字若子。"叶重第很是欢喜。就这样，沈瓒做媒，将沈宜修聘给了叶家。沈宜修十六岁，便与叶绍袁成婚，嫁至叶家。

沈宜修与叶绍袁婚后情投意合、琴瑟和鸣，可谓"琼枝玉树，交相映带""伦则夫妇，契兼朋友"。沈宜修兼有江南女子的灵秀和书香门第的才气，秉性温柔贤淑。叶绍袁深爱妻子，对她极为欣赏，称赞她"秀外慧中""雅人深致"。自嫁入叶家，沈宜修虽然忙碌，却手不释卷，作下大量诗词，"米盐浆酒之暇，不废吟咏"。

婚后，叶绍袁和沈宜修便居住在午梦堂。从叶绍袁的父亲叶重第开始，叶家便定居于午梦堂。因为叶重第非常喜欢夏日午睡醒来时的那份宁静怡然，更喜宋代诗人苏舜钦《夏意》中的诗句："别院深深夏席清，石榴开遍透帘明。树阴满地日当午，梦觉流莺时一声。"于是，他便给自己的居所取名为午梦堂。

午梦堂位于吴江北厍汾湖边的叶家埭（今叶周村），内有秦斋、谢斋、芳雪轩、疏香阁、清白堂等。其中，秦斋为叶绍袁、沈宜修的卧室。谢斋取"谢氏阶庭芝玉之义"，是希望叶家也能像东晋时的谢家一样芝玉满堂。这是叶绍袁书房，同时又是叶家子女的读书之处。芳雪轩是叶绍袁和沈宜修的长女叶纨纨的卧室兼书房。疏香阁则是叶小鸾的闺房。清白堂前的庭院中有"孤松修竹数竿，梅花一二枝，芭蕉、芍药，楚楚栏砌间"，堂名"清白"二字寓叶绍袁之父叶重第为人之志。

叶绍袁和沈宜修两人共育有五女八男，除四女失载、八儿早夭外，俱有文采。长女叶纨纨、次女叶小纨、三女叶小鸾、五女叶小繁、三儿媳沈宪英均工诗词。著名诗论家叶燮为其幼子。1636年，叶绍袁将爱妻和子女的作品编成《午梦堂集》，传于后世，此为后话。

在叶绍袁之前，其母冯老夫人曾经生有四子，但是都夭折了，因此在生下叶绍袁之后，冯夫人和叶重第都是异常疼惜。根据当地风俗，为了避免孩子夭折，要把他暂时寄放到一个人丁兴旺的人家，于是叶绍袁出生仅四个月，叶重第便把儿子送到了好友袁黄家。

袁黄给叶绍袁取名宝生。叶绍袁六岁进入私塾读书，和袁家的儿子袁俨（字若思）同吃、同住、同读书，结成了感情深厚的异姓兄弟。袁黄是当时名士，袁家"往来皆文士，谈笑即文章"，叶绍袁自然深受熏陶，受益匪浅。在叶绍袁十岁那年，叶重第把儿子从袁家接了回来。为了感谢袁家的培育之恩，便给儿子定名为"绍袁"。绍者，传也。

叶绍袁十五岁与沈宜修结下秦晋之好，但"仍读书司马公家，以宴尔暂归"，"同袁俨、金浮弋（名元嘉，丁未进士）读书家庐"，即仍然同袁俨、金浮弋在袁家潜心攻读，即使是新婚燕尔也只是"暂归"，学业丝毫不敢荒废。正因为如此，叶绍袁和沈宜修婚后五年才生下长女叶纨纨。

叶小鸾是他们的第三个女儿。

艳色清才，端丽明智

沈宜修生下叶小鸾后，夫妻俩自然喜悦无限。但很快他们就面临一个严峻的现实。

叶家本是大户人家，但是传到了叶绍袁的手里，已经是家道中落。叶绍袁父亲叶重第"历官以廉节著闻，所贻仅给髓粥"。当他四十二岁病逝时，家贫无以为继，只能"卖田供费"。虽然父亲生前留下十余顷土地，但叶绍袁不善经营，性子清高，身上又有"千金散尽还复来"的名士习气，再加上娶妻生子以及科举用费，很快叶家便入不敷出，败落下来。

沈宜修生叶小鸾时，本就身体虚弱，又加之"家贫乏乳"，眼看着幼小的女儿饿得直哭，夫妻俩都心疼不已。

就在这时，小鸾的舅母张倩倩刚生下的婴儿不幸夭折，张倩倩黯然神伤，悲痛难忍。为了安慰张倩倩，也为了小鸾能有充足的奶水，叶绍袁和沈宜修把出生才四个月的小鸾送往她舅父沈自征家，由舅父、舅母抚养。小鸾的舅父、舅母也绝非等闲之辈，是当时极为出色的才子才女。舅父沈自征，字君庸，是明末著名戏剧家，擅长诗文散曲，所著《渔阳三弄》在当时被誉为"明以来北曲第一"。时人谓其辞"浏漓悲壮，其才不在徐文长之下"，并称其为"渔阳先生"。后人汇集其作品成《沈君庸先生集》。

沈自征还擅长雄辩，精通兵法。他胸怀大志，一心想干出一番轰轰烈烈的事业。沈自征的父亲曾授予他五十亩田地，他却将田地尽数卖了，得到的二百两银子全部周济了亲朋，大有"天生我材必有用，千金散尽还复来"的豪迈狂放。

舅母张倩倩生性端庄恬静，向往温柔安宁的生活。沈宜修赞她"端丽明智"。她是沈宜修的表妹，小沈宜修四岁，资性颖慧，才学俱佳，诗词造诣不在沈宜修之下。

沈宜修八岁时母亲去世，从此她在姑母家生活，与表妹也就是张倩倩常常在一起读书玩耍，"凡簸钱斗草，弄雪吹花，嬉游燕笑"。沈宜修曾模仿南朝文学家颜延之的作品《五君吟》，以家中的五位女性为对象来刻画她们的容颜之美，作诗《颜延之有五君咏暇日戏拟为之》。这组诗中第一首写的就是张倩倩：

佳人字倩倩，绰约多娟嫩。

丰既妍有余，柔亦弱可拟。

巧笑思庄姜，宜颦羡西子。

沉香倚画栏，独立谁堪比。

春雨泣梨花，华清竟杳矣。

在沈宜修的笔下，张倩倩绰约多姿，娟娟秀美。虽然丰腴妍丽，但却给人一种柔弱娇美之感，且巧笑嫣然，宜嗔宜喜。

沈宜修和张倩倩多有诗词唱和。沈宜修《仲春寄表妹张倩倩》中有"故园明月楼前柳，回首春风各断肠"句，写的就是二人儿时共同游玩的岁月。

张倩倩虽然也是才华横溢，但她却并没有把这才华放在心上，加上夫妻感情不顺，心中烦忧，作品写过即弃，因此并无诗文集传世。沈宜修所编辑的《伊人思》中只收录了张倩倩诗词七首，都写得清丽缠绵，令人荡气回肠。其中一首《过行春桥》写道：

行春桥上月如钩，行春桥下月欲流。

月光到处还相似，应照银屏梦里愁。

行春桥是张倩倩家附近的一座小桥。在张倩倩这首诗中，桥上弯月，桥下月影，月光盈盈，照着女子梦中的愁怨，意境空灵柔美。

沈宜修还在《表妹张倩倩传》中称赞张倩倩"风度潇洒，善谈笑，能饮酒"。闺中之时，张倩倩是个活泼风趣的少女。因为她脂凝玉腻，微丰有肌，还在沈家得了一个"华清宫人"的雅号。倩倩十二岁时，"春含瑶蕊，秋映琼辉，美丽已无堪并"，到了十八岁，"光艳惊目，娟冶映人，亭亭若海棠初绽，濯濯如杨柳乍丝"，美若海棠初放、杨柳新芽，清新娟秀，光彩照人。

倩倩嫁给了表兄沈自征，但是大约是因为近亲结婚的关系，生下的孩子都因病夭折。

沈自征向来倚才自负，却不善经营，挥金如土。更兼常年在外游历，留下娇妻一人在家。张倩倩经常独守空房，便常写诗词给沈宜修以抒发心中苦闷。

清明节这天，凄风冷雨，鹧鸪声声，杏花零落满地。清冷之景，勾起了倩倩的伤怀，她作了一首《忆秦娥·青日》，寄给沈宜修：

> 风雨咽，鹧鸪啼碎清明节。清明节，杏花零落，闷怀千叠。
>
> 情愫依旧和谁说？眉山斗锁空愁绝。空愁绝，雨声和泪，向谁凄切？

这首词缠绵哀婉，字字泣泪。周铭《林下词选》就曾评价她的词"艳色清才"。

又有一天傍晚，正值薄阴天气，细雨洒在庭院里的竹林上，簌簌有声。而庭中的花儿也被雨打湿，如同流泪的芙蓉面。雨越下越大，花叶在西风摧残下，残红碎绿，零落一地。倩倩临窗而望，触动心事，忍不住落下泪来。那远离故土的夫君，此时是在何方？他可知道独自在家等候他的妻子心中之伤痛难耐呢？到了夜里，又听见楼前阵阵雁鸣之声，更觉凄凉。

不久，沈宜修来看她，两人秉烛夜谈，谈了一晚上的话。倩倩说到丈夫之时，忍不住珠泪涟涟。于是，她研墨展卷，写下了一首词《蝶恋花·丙寅寒夜与宛君话君庸作》：

> 漠漠轻阴笼竹院。细雨无情，泪湿霜花面。试问寸肠何样断，残红碎绿西风片。
>
> 千遍相思才夜半。又听楼前，叫过伤心雁。不恨天涯人去远，三生缘薄吹箫伴。

沈宜修在《伊人思》里收录了这首词，并在词后标注："此阕则丙寅寒夜与余谈及君庸，相对泣作也。"

清才旷致，有妳母风

孤独多年，备受丧子丧女之痛，忽然来了一个粉妆玉琢、娇美可爱的小婴儿，张倩倩自是欢喜异常。她把小鸾当作亲生女儿一样百般疼爱，生活开始投射进一缕新鲜的阳光。

叶小鸾从此成了舅父、舅母的掌上明珠。叶小鸾天资聪颖，闻一知十，张倩倩心中欢喜，对小鸾的教育就更加用心，手把手地教小鸾读书识字，恨不得把一身的才华倾囊传授给小鸾。

叶小鸾也没有辜负舅母的期望。她小小年纪就博闻强记，三四岁的时候，就能背诵《万首唐人绝句》及《花间》《草堂》诸词，终卷不遗一字，而且还能略知其义。

沈自征也喜爱这个聪明过人的外甥女，自从小鸾来家之后，他在家停留的时间比以往要多了。多年以后他回忆起当年甥舅两人相处的情形，曾写道："每寒夜拥絮，命汝诵诗，若雏莺弄声，睨睨不止。"冬夜里，舅父要小鸾背诗，小鸾背诵流利，吐语清细，如同刚出壳的黄鹂儿一般惹人怜爱。舅母在一旁一边拨着炉火中的瓦片，一边和小鸾一起背着《离骚》，一家人其乐融融，这大约是沈自征和张倩倩最觉温暖的时光。

而《离骚》的诵读对小鸾的气质形成也有了决定性的影响。日后她写诗作词清丽雅致，始终萦绕淡淡忧愁，不脱《离骚》之风。清人沈祥龙《论词随笔》有云："屈宋之作亦曰词，香草美人，惊采绝艳，后世倚声家所由祖也。"

在张倩倩的教导之下，年纪幼小的叶小鸾已经显露出一位出色才女的特质了。她生性爱静，每日都会临摹王子敬的《洛神赋》或怀素的草书，不分寒暑，静坐北窗下，整日与琴书为伴，乐在其中。

在舅父家的十年时光，有舅父、舅母的满心疼爱与无微不至的照顾，小鸾是幸福的。后来她回想到这段时光，都如同做梦一般，不愿醒来："十年客梦未曾醒。"

曾有一段时间，因为生活贫困，又不善经营，沈自征决定离家，去京城闯荡一番。

张倩倩自然极为不舍。沈自征本来就喜欢远游，但这一次是去京城，而且还不知道什么时候归来，她最担心的是，也许，他从此就不再回来了……

但是无论她怎么挽留，沈自征都已经铁了心。他原本就"少年裘马，挥斥千金，自负纵横捭阖之材，好游长安塞外"，她于是放弃了挽留。她从来都没有留得住他，这次也不例外，只得独自黯然神伤。

但是冰雪聪明的小鸾感受到了舅母的伤痛，在她临风流泪的时候小鸾跑了过来，轻轻用小手擦去舅母的眼泪。

倩倩紧紧抱住小鸾。幸好，她还有小鸾。这时，小鸾才九岁。

沈自征入京谋职后，张倩倩更把全部心思都花在了叶小鸾身上，小鸾深得张倩倩才情真传。

而沈自征此次仗剑北游，一去就是十年，这十年之中，他没有回来过。在京十年，沈自征遍察西北边塞，考究地理形势，后来又受朝廷之选，赶赴战火正紧的山海关军营中任幕僚之职，他多次出谋划策，筹划兵事，名噪一时。

他自北上以来，整天驰逐于黄沙白草、金戈铁马之中，根本就没有念及家中苦苦盼望他归来的娇妻。只有在想到叶小鸾的时候，牵动了慈父心肠，他才忍不住泫然泪下，与胡笳声俱坠。

后来，小鸾写过忆舅父的两首词和几首七言诗，都寄到沈自征的任上。如《踏莎行·忆沈六舅父》：

> 枝上香残，树头花褪，纷纷共作春归恨。十年客梦未曾醒，子规莫诉长离闷。
>
> 回首天涯，愁肠萦寸，东风空递双鱼信。几番归约竟无凭，可怜只有情难尽。

沈自征很为外甥女的诗才骄傲，出示给京城的文人墨客看，大家赞赏不绝，争相抄诵。

疏香独对，深院朦胧

沈自征远游之后，张倩倩身体每况愈下。这大半是因为沈自征长期不在张倩倩身边，导致她孤独寂寞，忧愁过度。虽然身边有乖巧聪颖的小鸾陪伴，但终不能释怀。后来倩倩病倒卧床，渐渐病入膏肓，已经无力照顾小鸾，不得不忍痛与沈宜修商量着把叶小鸾送回叶家。

就在这年十月比小鸾大六岁的大姐叶纨纨出嫁到袁家。

回叶家那天，为了纪念在舅父家生活的十年光阴，感谢舅母的养育之恩，也为了寄托对久未归家的舅父的思念之情，叶小鸾亲手在自己闺房前院子中的梅花旁，种下了一株腊梅。这株腊梅幽幽吐芬，伫立了四百余年，成了午梦堂现在仅存的遗物。

和母亲沈宜修一样，叶小鸾也极爱梅花，曾作有十首七绝梅花诗：

其一

仙质亭亭分外新，软烟不语半含颦。

冻云寒月如相识，雪里无春却恨春。

其二

堪笑西园桃李花，强将脂粉媚春华。

疏香独对枝梢月，深院朦胧瘦影斜。

其三

窗前几树玉玲珑，半带寒烟夕照中。

啼鸟枝头翻落絮，惜花人在画楼东。

其四

春色还迟半柳条，凄风凄雨冷偏饶。

隔帘飘落知多少，树下香魂应自消。

其五

幽姿偏耐岁寒开，寄语东君莫浪猜。

最是雪中难觅处，几回蜂蝶自空回。

其六

却忆含章点额时，镜台初展拂妆迟。

近来赢得愁如许，雁过遥天雪满枝。

其七

瘦影横窗乱月明，梦回纸帐暗香萦。

无端一夜高楼笛，吹碎琼瑶满竹亭。

其八

初移日影上栏杆，消释东风昨夜寒。

玉晕香痕看未足，好教琼树莫吹残。

其九

霏霏昨夜雪添妆，不辨花光只辨香。

独倚小楼人不见，南枝争似北枝芳。

其十

傲骨欺霜映碧浮，数竿修竹伴清幽。

年年燕子无消息，春信谁将寄陇头。

叶小鸾的梅花诗，毫无稚子之声与脂粉气息，其中化用了不少前人名句，并加入了自己独有的冷艳孤清的气质，如"疏香独对枝梢月，深院朦胧瘦影斜"，便是点化宋代诗人林逋的诗句"疏影横斜水清浅，暗香浮动月黄昏"。父亲叶绍袁读后，叹为凄凉之调："亦是凄凉羽调，无一秾丽气。""雪里无春却恨春"之句，沈宜修更是初见便愕然动心。

弟弟们曾问小鸾为何如此喜欢梅花，叶小鸾答道："岁暮天寒，百花凋零，唯有梅花凌霜吐蕊，散发幽香，那些趋繁华、喜浓艳的蜂蝶，如何能理解梅花的冰心玉骨呢？"

也是因为叶小鸾对梅花的钟爱，回到叶家之后她的闺房也取名疏香阁，阁前种有多株梅花。叶绍袁云："午梦堂西偏有小楼，窗棂四达，梅花环绕，余名曰'疏香阁'。"宋代词人李元膺于《洞仙歌·雪云散尽》云："一年春好处，不在浓芳，小艳疏香最娇软。到清明时候，百紫千红，花正乱，已失春风一半。"

每到冬天，万花纷谢，只有梅花不畏寒冷，凌霜傲雪。每当梅花吐露芬芳之时，叶小鸾总是会屹立在腊梅树下，遥想着温柔美丽而又才华卓著的舅母张倩倩对她的深情厚谊，还有她们共处的清欢岁月。

点绛唇 · 暮景　叶小鸾

薄卷红绡，断霞西角斜阳远。昼长无伴，闲去题花扇。

独倚栏杆，看尽归鸦遍。轻云乱，凉风吹散，新月中天见。

第二章
琴棋书画：
开奁一砚樱桃雨

林下之风，闺房之秀

　　小鸾回到叶家，这初长成的美丽少女连父母都惊艳了。母亲沈宜修情不自禁地称赞她："儿鬒发素额，修眉玉颊，丹唇皓齿，端鼻媚靥，明眸善睐，秀色可餐。无妖艳之态，无脂粉之气，比梅花，觉梅花太瘦；比海棠，觉海棠少清。……王夫人林下之风，顾家妇闺房之秀，兼有之耳。"

　　"林下之风"和"闺房之秀"，叶小鸾兼而有之。"林下之风"和"闺房之秀"出自《世说新语·贤媛》："谢遏绝重其姊，张玄常称其妹，欲以敌之。有济尼者，并游张谢二家。人问其优劣，答曰：'王夫人神情散朗，故有林下风气；顾家妇清心玉映，自是闺房之秀。'""王夫人"指的是谢道韫，"林下风气"指的是她的超逸气质和大方举止。

"闺房之秀"指的是张玄的妹妹，生得端庄秀美，清雅可人。

小鸾从舅母家回家之时，正是深秋。有一晚，她和母亲一起坐在厅堂前观看月色，槛外风声潇潇，竹影摇曳，帘前月明如水，凉意沁人。这秋天的夜晚，总给人一种萧瑟而清美的感觉。

沈宜修不由得心生感慨，随口吟道："桂寒清露湿。"还没来得及想下句，叶小鸾即应声答道："枫冷乱红凋。"声音清脆，如出谷黄鹂。

沈宜修大喜。以"枫冷乱红凋"来对"桂寒清露湿"，可谓工整之极，才十岁的孩子，就已经能从时移物换间感知生命的凋残了，"枫冷乱红凋"，充满了生命的苍凉之感。

因此，沈宜修连连夸赞叶小鸾有柳絮因风之思，对女儿更加爱怜看重，悉心指导。从叶小鸾后来所作的诗词中，可以看出，她诗词的章法、字法、句法到组诗形态都深受母亲的影响。

叶小鸾的美貌也是惊人的。到了十二岁那年，她浓发覆额，体态修长，娟好如玉人。少女初长成，亭亭玉立，顾盼生辉。

就在这一年，叶绍袁被授南京武学教授，全家迁居南京，叶小鸾随同父母一起来到古都南京。这是她第一次离开家乡，到一个完全陌生的城市，小鸾满目新鲜，满心欢喜。

在一个春日的清晨，小鸾和往常一样早起梳妆。她无意中向镜中一瞥，不由得被镜子里少女的美貌所惊艳。那少女清丽绝俗，一双细眉就像精心画成的一样，鬓旁的花儿和容颜相互映衬，更显得丽色照人。窗外清露晨流，新桐初引，柳荫里滚落几声黄莺儿清脆悦耳的声音，小鸾不由得也微笑起来。

这是第一次，小少女知道了，原来自己这么美丽动人。她忽然强烈感受到青春之美妙，人生之美好。

这也是她第一次发现了自我，并发现了自我的美。一点灵动诗心，便如这早春初花，悄然绽放了。

于是，蘸着早春的芬芳，她提笔写下了一首诗《春日晓妆》：

> 揽镜晓风清，双蛾岂画成。
> 簪花初欲罢，柳外正莺声。

这首诗下有叶绍袁的注："时年十二岁，初学遂有此等句，真是凤慧，岂在垂拱四杰之下？"垂拱四杰，即初唐四杰：王勃、杨炯、卢照邻、骆宾王，武则天当政时期名满天下的四大才子。这四大才子都属早慧：骆宾王七岁咏鹅，佳篇传世；卢照邻少年时就被视为相如再世；杨炯、王勃则是被地方官举荐至朝廷的神童。叶小鸾这首诗清隽生动，浑然天成，因此父亲叶绍袁大加称赞，认为她绝不在那些传说中的唐代神童之下。

这是她的第一首诗。

在南京的这段日子，小鸾还作了不少的诗。小小少女能挥笔作诗，而且诗作清丽绝俗，有大家之风。这个消息流传出去之后，南京的文人和士大夫都大为惊奇，争相抄录，有的还把诗作带回去给自己的子女观摩学习。

可惜，这些在南京学写的诗作，除此首外无一存留。母亲沈宜修猜想可能是小鸾自己对这些初学之作并不满意，便弃了。看来虽然得到大家称赞传诵，但这些习作实质上并未达到小鸾心中的标准。

舅母张倩倩病情严重，挣扎不起了。沈自征自北上之后，一直都没有回来，他自己也说"略不忆家"，更没有念及独守病床的张倩倩。多年以前，他们也曾是天造地设、才貌相当的一对，但如今沈自征漂流在外，倩倩却是凄凄惨惨戚戚，孤苦伶仃。夫君薄情至此，倩倩心灰意冷。她幽居食贫，独自抱病。终于，在一个刮着寒风的夜晚，倩倩带着对丈夫和小鸾的无限思念，还有满腹的忧思幽怨，不治而亡，年仅 34 岁。

当时是丁卯年（1627）的十月，而沈自征仍然宦游在外。

倩倩病逝的噩耗传来，沈宜修自然是悲痛万分。失去了最好的朋友，亲密的姐妹，如同失去了灵魂中最重要的一部分。她不由得悲叹："玉碎珠沉，香闺无色；造物不仁，失我好友。"

张倩倩的突然去世，更是让年幼的叶小鸾一时无法接受。"魂消南望，泪逐东归，情兼渭阳，慕深陟屺"，悲恸难以自已。她从小由张倩倩抚养长大，舅母对她的体贴关怀无微不至，更把全身才学尽数相授，她的气质谈吐中，早已有了舅母的影子。在她心中，张倩倩甚至比母亲沈宜修更要亲近。如今，失去了最重要的一位亲人，如何不痛彻心扉？

小鸾曾经在归家的那一天亲手种下了一株腊梅，以纪念舅母对自己的养育之恩。而这时，为了寄托对舅母的哀思，叶小鸾便更加频繁地去看她亲手种植的那株腊梅。

两年之后，叶小鸾十四岁时，跟随母亲去祭拜舅母张倩倩，想起十年养育之恩，竟无从回报，不由得悲从中来。

回来后大哭一场，饱蘸浓墨，写下《己巳春哭沈六舅母墓所》

一诗：

> 十载恩难报，重泉哭不闻。
>
> 年年春草色，肠断一孤坟。

春草年年都会再生，而舅母逝去却永不回来了！诗中字字血泪，令人不忍多看。其笔法之成熟，感情之悲凉，难以让人想象此诗是出自十几岁少女之手。

张倩倩的不幸婚姻和英年早逝，对小鸾影响很大，使她很早就开始思索人生的艰辛与无奈，还有对于少女来说太沉重的人生难题和生命悲剧。从此，叶小鸾的性格中又多了一缕挥之不去的悒郁清愁，这使得她比同龄的女孩子更加早熟和灵慧。她生性淡泊，却是早早就见识到了人生之无常无奈。因此，她开始向往人生永恒的瑶台仙境，在那个仙境之中，没有任何哀愁，没有任何失落，所有美好的事物可以永恒。为此，她自号"煮梦子"，就是希望能煮好一缕仙境清梦。

填词赋诗，能琴善画

其实，回到叶家后，小鸾备受宠爱，得到的爱比在舅父家的只多不少。虽然舅父、舅母疼爱她，但舅父在家时日毕竟不多，而舅母也时常悲戚自叹。而在叶家，父母疼爱这个从小离家又聪慧异常的小女儿，兄弟姐妹们也是极爱护羡慕她的才华。她失去舅母的伤痛也渐渐被抚平。

叶小鸾十三岁时，曾随母亲和祖母到杭州天竺敬香，礼拜观音大士。路过西湖，当时夕阳在山，暝烟笼树，小鸾有感而赋，写下《游西湖》五绝一首：

> 堤边飞絮起，一望暮山青。
> 画楫笙歌去，悠然水色泠。

西湖的美景自古被文人墨客歌咏甚多，但小鸾这首却新巧别致，与众不同。父亲叶绍袁惊奇不已："十三岁女子，不喜繁华，而喜笙歌去后之水色清冷凄凉之况，超凡出尘之骨，已兆此矣。"一般人游览西湖，注意到的自然是西湖堤上的姹紫嫣红与画舫上的曼妙清歌，而小鸾关注的却是笙歌过后清冷碧青的水色，视角与众不同，而诗句也如此超凡出尘。

自此以后，小鸾的诗情勃发，短短几年间，一口气写下了数百首诗作。"填词赋诗，见者炙口。能琴善画，鲜为人知。"她十二岁已工于诗词，颇多佳句，其词坚厚流雅，哀艳芊绵，隽永清逸。"一语缠绵，复耐人寻嚼。正如花红雪白，光悦宜人。"十三四便善于为文。舅父沈自炳在《返生香序》中写叶小鸾"年十余，知词赋。十三四，工篇章，并古文及齐梁体，皆过目能诵，操翰成章，朗隽遒逸，咸遵其致"。她的才华不仅体现在文学方面，棋艺更是精湛灵慧，十四岁便善于下棋，令人叹服，很多男性长者都下不过她。

沈宜修家族里有一位善于弹琴的姑姑，这位姑姑早年守寡，无儿无女，于是便把毕生精力全部花在了琴棋书画尤其是琴上面，她的琴艺已臻炉火纯青。沈宜修曾经写了一首诗，称赞姑姑的琴艺：

……　　　　……

冰弦乍挑拨，玉指泛宫商。

白雪音随发，归风引送长。

峨峨三峡思，流水何洋洋。

林表动清响，云彩飞悠扬。

仙仙青鸾集，低昂敷众芳。

促柱凄古调，参差袭素商

……　　　　……

庭鸟寂不喧，明月帘前度。

泠然解我烦，还恐幽兰炉。

逸韵坐中飘，窗竹鸣萧萧。

曲罢林花落，余音绕碧宵。

这样的高手，便成了叶小鸾和她姐姐们的琴艺老师。姑姑对她们的琴艺悉心指导，精心点拨。小鸾一点即通，勤加练习，从此也擅长弹琴，琴声清泠可听，袅袅余音绕梁不绝。小鸾的琴声中更无半点烟火气，可谓是"吹花嚼蕊弄冰弦"了。沈宜修喜之不尽，用嵇康"英声发越，采采璨璨"的话来形容那琴声。

　　明清时的闺中才女，有许多人多才多艺，除了诗词文方面的修养，书画方面的造诣也都很高。这是因为晚明以来，江南书香世家的闺中教育渐从闺训诗话扩展到书画琴棋等艺术领域，普通的吟诗作词已经不能显示出真正的才女风范。夏咸淳称："明代中叶以后，士大夫凡百诸艺均有广泛的爱好，而于书画尤其偏爱。""世人多爱重书画，书画价格骤增。"山阴才女王端淑就曾称赞吴中才女吴绡"有才色，自诗文书画以及百家技艺无不通晓"，而王端淑自己也是不仅工诗，还"善书画，长于花草，疏落苍秀"。叶小鸾自然也不例外。

叶小鸾善书法，其字飘逸隽美，笔力秀劲。她常把东晋卫茂漪墨宝放在几案上。后来临王献之书帖《洛神赋》，叶绍袁曾记录道："最喜写《洛神赋》，所临不下百本。"

叶小鸾十四岁时，舅父沈自炳得到三块上好砚材，润嫩有加。他将砚材做成三方砚"眉子、眉娘、眉珠"，送给三位才貌出众的外甥女。叶小鸾得眉子砚，大姐叶纨纨得眉娘砚，二姐叶小纨得眉珠砚。叶小鸾非常喜欢这枚眉子砚。书载："此砚长三寸，宽二寸，厚半寸余，面有犀纹，形状腰圆，砚池宛若一弯柳眉，故名眉子。"小鸾曾作二首七绝托工匠镌于砚背，清丽秀润：

其一

天宝繁华事已陈，成都画手样能新。

如今只学初三月，怕有诗人说小鬟。

其二

素袖轻笼金鸭烟，明窗小几展吴笺。

开奁一砚樱桃雨，润到清琴第几弦。

除了书法，叶小鸾也擅长画画。"家有画卷，即能摹写。"笔下山水流瀑，落花飞蝶，极其精巧，亦带几分灵动风致，与她的诗文风格一致。沈宜修曾写："今夏君牧弟以画扇寄余，儿仿之甚。"舅父沈君牧寄了一把画扇给姐姐，小鸾便临摹了一把，居然与原作相差无几。

小鸾还善作题画诗，诗画结合，美不胜收。如七言古诗《云期兄以画扇索题赋此》：

春来处处尽芳菲，寂寂山花映水飞。

水色似明春月镜，花光欲上美人衣。

子规啼老无人处，蝴蝶满山纷落絮。

邈然青天不可攀，惟见江水流潺潺。

江外云山几曲重，丹崖翠岫交蒙茸。

霏微烟际桃花雨，氤氲香前薜荔风。

松声一响度万壑，下有幽人桂艇泊。

扣舷长啸数峰青，卧看吹花岩下落。

沉沉溪畔石屏开，袅袅游丝缀绿苔。

碧罗倒挂亘千尺，深山寂静真幽哉。

白云千古悠悠在，独坐对此心徘徊。

前溪流出胭脂水，疑是渔郎渡口来。

小鸾笔下的山水画，有一种不食人间烟火的感觉。也许这幅画本身就是一幅普通的山水画而已，但小鸾在题画时加入了自己投射的情感，她是借画来写自己理想中的仙境。在那画中，处处芳菲，遍地山花，水色清明，花光照眼，杜鹃啼叫声声，蝴蝶起起落落，花香氤氲沾满衣。青天，碧江，白云，桃花，薜荔，这些意象在小鸾的笔下生动鲜活。而最后"前溪流出胭脂水，疑是渔郎渡口来"则是用《桃花源记》的典故，隐隐反映了小鸾内心真实的向往：到一个自由自在、没有忧愁、处处花香的世外桃源。

另有一首《鹊桥仙·题画山水》，风格和写法也与《云期兄以画扇索题赋此》相似，意境旷逸开阔，但却更显得俏皮可爱，活泼洒脱，显示出十几岁少女的清新与活力。画中近景是茅屋柴扉，山色青翠欲滴，芦花摇曳，风声寂然。远景是云树朦胧，曲径通幽，崎岖难寻。山中水光淡淡，长松历历。那画中之美，让青春少女恨不得能纵身一跃，进入画中：

柴扉不掩，翠微欲滴，断岸芦花风寂。远峰云树两朦胧，曲径杳、崎岖难觅。

平波淡淡，长松历历，玉洞仙床咫尺。闲来看尽思悠然，恨不得、将身飞入。

叶小鸾也喜欢把画画在折扇之上。一把雪白折扇上，叶小鸾素手轻描，随意挥洒，便有了秀媚可人的画。民国才子张中行喜欢收集明清闺秀折扇书画，叶小鸾的折扇书画是个中翘楚。

她曾写过一首《点绛唇·暮景》，里面就提到一句"闲去题花扇"：

薄卷红绡，断霞西角斜阳远。昼长无伴，闲去题花扇。

独倚栏杆，看尽归鸦遍。轻云乱，凉风吹散，新月中天见。

叶小鸾还有题绣扇、题画扇、题画屏的诗作。如《题绣扇》为："芙蓉照水开，翠鸟依枝立。蝴蝶若怜风，盈盈香气袭。"绣扇是女子闺房之物，比纸扇更为精致，绣的也多是鱼、虫、花、鸟等物，因此小鸾的笔风也与题纸扇时不同，显得柔媚可喜。在她笔下，绣扇之上芙蓉照水，翠鸟依枝，蝴蝶随风而来，似乎有花香自扇面袅袅而出。

她琴棋书画样样皆通，虽然很少出闺门，但生活是极丰富的，这在她诗词中都有表现，如弹琴"一曲瑶琴消午梦"，奏筝"日常深深理秦筝"，书法"近来聊喜学临书"，吹箫"吹箫闲向画屏前"，弈棋"抛掷琼箫懒弈棋"等，琴、棋、书、画、诗、酒、花、茶，这是一个闺阁才女优雅静好的生活。

但叶小鸾也有不擅长的，就是不喜女红。当时闺秀们都要学习刺绣等女红，但小鸾对这些都不感兴趣，母亲来教授女红的时候她也是不以为然。叶小鸾的《浣溪沙·春思》谓"一向多慵嫌刺绣，近来聊喜学临书"，《谒金门·秋雨》谓"懒捻金针推指涩，绣床连夜湿"，更是直接表明了其无心纺绩女红。

但叶、沈两大诗书世家向来宽和温厚，注重文化底蕴，本来就不以女子女红为重，父母对小鸾又极是怜爱欣赏，因此并未对她有所批评或者束缚。于是，小鸾平时并没有什么压力，亦无多少琐事，只是静坐窗下，薰炉茗碗，默默与琴书为伴。

有了父母的理解和支持，叶小鸾的诗词越发精进。在清人王昶编辑的明词总集《明词综》里，有八首来自叶小鸾，位列女词人中第一，王昶评价她的诗词"皆似不食人间烟火者"。陈廷焯在《白雨斋词话》中也说："闺秀工为词者，前有李易安，后则徐湘蘋。明末叶小鸾较胜于朱淑真，可为李、徐之亚。"

母亲沈宜修夸奖她说："汝非我女，我小友也。"父亲叶绍袁也认为此女"自幼貌美聪慧，光彩耀目，见者称羡"。诗书世家中，人人都以读书为荣，以才学为重，小鸾每得好词妙句，都会受到父母以及兄弟姐妹的赞赏。

这是小鸾无忧无虑、自由自在而又温雅文艺的少女时光。十七岁以前，午梦堂里，疏香阁内，笔墨之间，就是她的桃花源。

咏画屏上美人　叶小鸾

鸟啼花落春归去，帘外蔷薇一架香。

分付侍儿微雨后，好移芍药向东廊。

第三章　天生丽质：桃花白雪娇随母

袅袅素姿，亭亭香阁

叶小鸾“自恃颖姿，能饮酒，善言笑，潇洒多致，高情旷达，仁慈宽厚”，仿佛是《红楼梦》中黛玉与湘云的化身。陈去病曾称叶小鸾“尤明艳若仙”。但小鸾又跟寻常少女大不一样，虽然天生丽质、姿容秀美，却并不把自己的美貌放在心上。

平日里，叶小鸾独爱清幽恬寂，不戴华丽首饰，不穿贵重罗裳，平日里梳妆，不过一支素簪而已。淡淡妆儿，旧衣洁服，却依然有倾国之姿，不减秀色，只是专心笔墨。母亲赞她“性高旷，厌繁华，爱烟霞，通禅理”，“衣服不喜新”，“然又非纤啬，视金钱若浼，淡然无求，而济楚清雅所最喜矣”。父亲也说她“首无玑珥之耀，衣无罗绮之容，鬒发素簪，旧衣淡服，天姿洁修，自然峻整”。

这淡妆雅韵的风格，又似是《红楼梦》中的宝钗。《明词史》云："小鸾之为人，贞静闲雅，不事脂粉，似专以诗词为生活。"

叶小鸾这样的个性，也是遗传自她的母亲沈宜修。叶绍袁这样描写沈宜修："风仪详整，神气爽豁，潇洒旷逸之韵，如千尺寒松，清涛谡谡，下荫碧涧，纤草可数，世俗情法，夷然不屑也。浓眉秀目，长身弱骨，生平不解脂粉，家无珠翠，性亦不喜艳妆，妇女宴会，清鬟淡服而已。然好谈笑，善诙谐，能饮酒，日莳佳卉，药栏花草，清晨必命侍女执水器栉沐。"叶小鸾隐隐有乃母之风。

有一天清晨，叶小鸾起得很早，便走到母亲房里，侍立在床前。她肤光胜雪，明眸如星，云鬟散乱，乌亮的秀发如丝缎一般披在肩上，轻软可爱。而暖色的朝霞又透过窗户淡淡地洒在少女脸上，别有一番风韵。她美得像是一座玉雕，可玉雕又哪来她这样的灵动神采？

母亲见了如此美貌的女儿，忍不住满心喜欢，打趣道："孩儿平常我说你漂亮，你还不高兴呢，现在你蓬头散发也这样美丽，真所谓笑笑生芳，步步移妍，我见了都心中喜悦，日后有了郎君，还不知怎样爱惜你呢！"

小鸾却正色对母亲说："女儿不喜欢别人夸我漂亮，怎么连母亲你也来取笑我呢？"

父亲叶绍袁也曾忍不住称赞女儿的美貌说："我孩儿有绝世之姿"，"十七年袅袅素姿，亭亭香阁"，"房栊动处，玉女天来，衣带飘时，素娥月下"。小鸾却对父亲的称赞也是不满，说："女子即有倾城之色，也不值得当成是贵重的东西，父亲何必加在孩儿身上呢？"

才貌双全的小鸾也获得了亲朋好友的许多爱怜称赞。舅父沈自征称赞她"规旋矩折，神姿不凡，玉秀花明，光采耀月"，又称她"不喜华饰，玉容明秀，额致亭亭，慈仁宽厚"。另一舅父沈自炳在《返生香序》中对叶小鸾是这样描述的："生而灵异，慧性夙成；长而容采端丽，明秀绝伦。翠羽朝霞，同于图画；轻云迥雪，有似神人。"

叶小鸾十四岁时，母亲带她去看舅父沈自炳。沈自炳看到初长成的外甥女，只觉眼前一亮：小少女樱口杏眼，眸子纯澈如水，亮如辰星，双眉纤纤如同新月，眉宇间又有一缕清灵之气。一张脸秀丽绝俗，竟无半点人间烟火气息。一时间，沈自炳仿佛看到了正值韶华的姐姐沈宜修，而眼前这小少女的美貌，又仿佛在姐姐之上，真是"青出于蓝而胜于蓝"。

于是，沈自炳忍不住写下一首诗相赠，其中有"南国无双应自贵，北方独立讵为惭？飞去广寒身似许，比来玉账貌如甘"之句，诗里盛赞小鸾的美貌，从服饰，到容颜，到声音都进行了细致的刻画。但叶小鸾看到这首诗之后也并不高兴。母亲问她为何，她说："为何要这样重视女子之色呢？难道女子生来就是为了供人欣赏的吗？人应该以才德为上，唯才方可美之。"这也是她来自女性自身的觉醒，可说是具有超越时代的意义。她从来不喜别人赞其美貌，见解之中也暗含着反抗意识。

但这并不说明叶小鸾不重视美，实际上叶小鸾也有爱美之心，并且对女性之美有独到见解。她认为女子之美应该是天然风韵之美，并不是胭脂水粉可以堆砌出来的。女子之美出自于内心，并不为取悦别人，而是自然散发的魅力。她的诗文辞赋也洗净铅华，清丽别致，和她的人一样，真是"文如其人"。大姐叶纨纨《哭琼章妹》有句"自喜均非脂粉群，笑谈风月共罗裙"，便是说小鸾的诗文洗尽铅华呈素姿，毫无脂粉气。

黛拂春愁，笑分花靥

有一年，叶小鸾模仿六朝刘孝绰的《艳体连珠》，作了八首《拟连珠》，分别吟咏女子的发、眉、目、唇、手、腰、足及全身：

一是发：盖闻光可鉴人，谅非兰膏所泽；鬒余绕匝，岂由脂沐而然？故艳陆离些，曼鬋称矣；不屑髢也，如云美焉。是以琼树之轻蝉，终擅魏主之宠；蜀女之委地，能回桓妇之怜。

二是眉：盖闻吴国佳人，簇黛由来自美；梁家妖艳，愁妆未是天然。故独写春山，入锦江而望远；双描斜月，对宝镜而增妍。是以楚女称其翠羽，陈王赋其联娟。

三是目：盖闻含娇起艳，乍微略而遗光；流视扬清，若将澜而讵滴。故李称绝世，一顾倾城；杨著回波，六宫无色。是以咏曼睩于楚臣，赋美眄于卫国。

四是唇：盖闻菡萏生华，无烦的绛；樱桃比艳，岂待加殷。故袅袅余歌，动清声而红绽；盈盈欲语，露皓齿而丹分。是以兰气难同，妙传神女之赋；凝朱不异，独著捣素之文。

五是手：盖闻似春笋之初萌，映齐纨而无别；如秋兰之始苗，傍荆璧而生疑。故陌上采桑，金环时露；机中织素，罗袖恒持。是以秀若裁冰，抚瑶琴而上下；纤如削月，按玉管而参差。

六是腰：盖闻玉佩翩珊，恍若随风欲折；舞裙旖旎，乍疑飘雪余香。故江女来游，逞罗衣之宜窄；明妃去国，嗟绣带之偏长。是以楚殿争纤，最怜巫峡；汉宫竞细，独让昭阳。

七是足：盖闻步步生莲，曳长裾而难见；纤纤玉趾，印芳尘而乍留。故素縠蹁跹，恒如新月；轻罗婉约，半靥琼钩。是以遗袜马嵬，明皇增悼；凌波洛浦，子建生愁。

八是全身：盖闻影落池中，波惊容之如画；步来帘下，春讶花之不芳。故秀色堪餐，非铅华之可饰；愁容益倩，岂粉泽之能妆？是以蓉晕双颐，笑生媚靥；梅飘五出，艳发含章。

小鸾用了李夫人、杨贵妃、洛神、神女、明妃、江女、卫子夫等多个美人的典故，语言婉丽清美，秀雅多姿，如明清画家笔下的一幅工笔仕女图。其中写美人明眸，以流转生辉为美，"故李称绝世，一顾倾城；杨著回波，六宫无色"。

诗写成后，叶小鸾请母亲指教。沈宜修阅后极为欣赏，也欣然提笔按小鸾所写的各部分作成一组连珠诗。但沈宜修自认为这组诗不及女儿写得好，在《拟连珠》的小序中说："刘孝绰有《艳体连珠》，季女琼章仿之，作以呈余。余为喜甚，亦一拈管，然女实仙才，余拙不及也。"

叶绍袁在读过母女二人的作品后，只觉满纸光华流动，也不自禁地作了和诗，但也认为母女二人的诗才远在自己之上，而自己的和诗"无琼章之清丽与内子之流雅，手篦腕硬不足传也"。

叶小鸾博览群书，通晓古代美人典故，而她自己天生丽质，生得极美，因此对古代美人有一种惺惺相惜的欣赏。她还曾作过一首《偶见双美同母及仲姊作》，几乎句句用古代美人的典故，含有一种生动的俏皮感：

昔年西子应惭独，今日东邻却遇双。

黛拂春愁争对镜，笑分花属共窥窗。

若非拾翠来湘水，定是遗珠涉汉江。

宋玉多情曾赋否？高唐神女亦心降。

叶小鸾也曾作有十首《咏画屏上美人》，题咏的是画屏上的十个美人。美人是静态的，而叶小鸾想象美人之音容笑貌、动作心理，从动态中进行描述，展现出少女静谧美好的闺中生活。诗中描绘了各种生动的小女儿情态，如观花弄草、花前弹琴等，是说不尽的灵动娇俏，青春洋溢。而诗中美人，或多或少也投射了她自己的影子，清丽秀雅，淡淡清愁，浸透着一缕忧郁之美。

其一

鸟啼花落春归去，帘外蔷薇一架香。

分付侍儿微雨后，好移芍药向东廊。

其二

晓妆初罢出房栊，闲看庭花树树红。

立久暗多惆怅事，好将春意付东风。

其三

闲寻女伴按秦筝，休向花前诉有情。

共笑嫦娥偏习静，夜深人寂倍清明。

其四

绣鞋徐步踏青时，流水桥西弄柳丝。

犹见梅梢锁残雪，杏花几日放胭脂。

其五

湖山石畔草萋萋，两两流莺绕院飞。

侍女戏抛红豆打，教他飞向柳枝啼。

其六

红罗锦帐美人闲，水浸梅花画阁间。

冽冽寒风吹朔雪，高楼征妇怨关山。

其七

庭雪初消月半钩，轻漪月色共相流。

玉人斜倚寒无那，两点春山日日愁。

其八

曲栏杆畔滴芭蕉，浅恨深情束细腰。

香烟一缕愁千缕，好付春心带雨飘。

其九

独坐清斋小簟幽，紫薇香暖透帘帱。

沈腰潘鬓都应假，只有多情宋玉愁。

其十

昨夜纤纤雨过时，强扶春病看花枝。

无聊独倚湖山畔，蝴蝶双飞那得知。

虞美人影·春日　叶小鸾

海棠睡惹流莺恼，又是清明过了。杨柳水边多少，愁绪萦芳草。

杜鹃枝上东风悄，碧玉栏前人杳。一夜绿娇红老，只怨春归早。

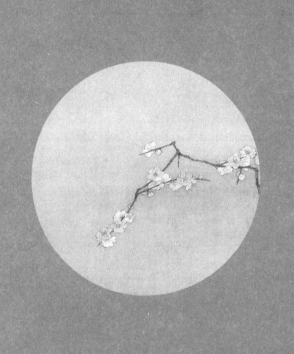

第四章
四季诗韵：
疏香满院闭帘栊

弄花争草，纷然笑语

对于小鸾的卓越才情，沈宜修曾评价说："琼章小时，即教之读《离骚》、古今诗词，故清才旷致，殊有妳母风焉。"母亲认为小鸾有才是小鸾舅母从小悉心教导的缘故，但实际上，叶小鸾受父母影响更深。

叶小鸾回到父母家中后，父母亲自指导其诗文，家中洋溢着自由平等的气氛和翰墨书卷的气息，其乐融融。她和父母、兄弟姐妹之间，关系更多的是像文友，常常诗文酬唱，每有佳句妙词，大家都欣然称赏。

生活在这样一个文学、艺术气氛浓郁的书香世家，叶小鸾具有了丰富细腻的感情。她本来就聪慧灵隽，敏感多思，随着年龄的增长，她在文学上的才华日益显现，并在兄弟姐妹中脱颖而出，因而愈加得到父母的宠爱。父母对她有很高的期望，希望她能像前代才女一般文史留芳。

叶小鸾从十岁归家，到十七岁早逝，这七年，是她快活无忧的时光。午梦堂内遍栽花木，四季分明，草木芬芳，清景无限。而家中父母和睦，祖母慈爱，手足情深。她写了大量清丽诗词，来描绘午梦堂中的静好岁月。这些创作，源于她对于生命本身的感发，而这些诗词里，则充溢着她对于创作本身的一种欣悦和自娱之情。

叶小鸾在叶家住的是疏香阁，阁外周植梅花、海棠、芭蕉、修竹，阁里临床一张几案，上置文房四宝，墙边书帙满架。这着实像《红楼梦》中林黛玉的书房，垒着满满的书，不见脂粉香气，只有满屋子的翰墨书香。想那《红楼梦》中，刘姥姥都无法相信这是女儿闺房，只说："这哪像个小姐的绣房，竟比那上等的书房还好。"

小鸾很钟爱这间属于自己的清净天地，日日在这里抚琴下棋，吹箫弄笛，吟诗作赋，少女的心里便溢满欢喜。她曾作一首《凤来朝·春日书怀近作》，就是写此时闺中的闲适生活：

> 小院闲无事，步花阴，嫩苔雨渍。弄明光几叠琴弦腻，曲栏畔、清河似。
>
> 静对圣贤书史，一炉香尽消梦思。翠幕外、东风起，不觉又欲暝矣。

春日里，小鸾走出疏香阁，在幽静的花阴里缓缓漫步，看雨水浸润青苔。然后回到疏香阁，静静调琴看书，沉醉其中，不知时光之流逝。待到一炉香已燃尽，东风轻轻吹起翠绿色的帐幕，方才惊觉，不知不觉，一天又过去了。

王国维《人间词话》中说："有我之境，以我亲物，故物皆著我之色彩。"小鸾的诗词中，多为"有我之境"，诗词中的四季流转、一草一木无不浸染了她的气质与风神。

世间的万事万物在她心里，都是玉石一般莹洁、轻灵而又微妙的，且带有一丝淡淡的忧伤。闺阁少女的世界，一派洁净温柔，清丽隽永，纤尘不染。在她的诗词之中，有很多是关于四季诗意与时光流逝的。

早春初露。清晨，叶小鸾春睡初起，睡意仍浓，睡眼惺忪地揽镜梳妆，梳起一头如云秀发，只斜斜簪了一根素簪，镜子里的少女灵气逼人。尔后她徐徐走出疏香阁，独自立在风中。只看那杏花如同晓天明霞，花瓣在风中纷纷扬扬，便如微雪一般。

小鸾心醉神迷，只觉春色如画。她作下了《小重山·晓起》：

> 春梦朦胧睡起浓。绿鬟浮腻滑，落香红。妆台人倦思难穷。斜簪玉，低照镜鸾中。徐步出房栊。
>
> 闲将罗袖倚，立东风。日高烟静碧绡空。春如画，一片杏花丛。

关于春季，叶小鸾也写有轻松明快的诗词。一个春日，叶小鸾在疏香阁临了几页帖，疏香阁的绮窗飘进来数枚娇艳的桃花花瓣。叶小鸾禁不住心有所动，于是便搁下笔，走到庭院中来。阳光柔暖，花香袭人，芳草茵茵，蜂蝶乱纷纷地围着鲜花飞舞，风一吹来，粉色花瓣飘落在秀发上，小鸾轻轻把花瓣取了下来，但花瓣的馥郁芬芳已经留在了头发上。

这花瓣所带来的春日满盈盈的新鲜气息令小鸾也颇感振奋，于是就拉上姐妹们一起出游。只见春色醇如酒，草地轻软，杨柳依依。姐妹们把骏马系在垂柳之下，就自由自在地开始踏青。

回到疏香阁内，叶小鸾挥笔写下了一首《满宫花·咏游春人》，写的便是她在春日风景里的所见所感：

> 日融和，花媚妖，粉蝶摇枝娇舞。轻风吹落小桃红，燕子衔归绣户。
>
> 草芊绵，人容与，共羡春光如许。紫骝金勒系垂杨，拾翠寻芳伴侣。

又比如这首《浪淘沙·春景》，也是写得纤美新妍：

> 杨柳弄柔黄，缕缕纤长。海棠风醉艳红妆。折取一枝归绣户，细玩春光。
>
> 春日对春妆，莺燕笙簧。横塘三月水流香。贴水荷钱波动处，两两鸳鸯。

杨柳柔黄，缕缕纤长，海棠红妆，暖风熏人醉。叶小鸾折了一枝鲜花回到闺房之中，细细赏玩这明媚春光。这枝花上，凝聚着的是整个庭院里的春意。

春天里，莺飞燕舞，鸟鸣声声。少女们也化了清新的春妆，不知道哪里的花荫之中袅袅传来笙管之声。这阳春三月的流水，散发着馥郁的花草香气。圆圆的荷叶贴在水面之上，有鸳鸯双双对对在水上嬉戏。

好像是一幅色彩饱满的春日工笔图，刚刚画就，还墨汁淋漓。小鸾另有《菩萨蛮·春日》一首：

轻烟一抹连天碧，帘前规月和烟白。翠竹落梅疏，相怜雪霁初。

博山香欲烬，风透纱窗冷。四望寂寥寥，闲阶花影摇。

轻烟连天碧，帘前月皎洁，翠竹轻摆，落梅疏疏。博山炉中的沉香渐渐燃尽，绿纱窗里透进来一缕细细的凉意。四望空寥，台阶上花影在轻轻摇曳。整首词透出一种空灵蕴藉的美。

叶小鸾写这些词，都清新灵俏、轻柔细腻，并无半点脂粉气息。在《蝶恋花·兰花》词中，叶小鸾就曾说道："自道全无脂粉气。"这既是说眼前的兰花，也是说自己，以及自己的文风：

碧玉裁成琼作蕊。馥郁清香，长向风前倚。楚畹当年思帝子，紫茎绿叶娟娟美。

自道全无脂粉气。笑杀春风，红白匀桃李。幽谷芳菲谁得比，猗猗独寄琴声里。

《宫闺氏籍艺文考略》中评价叶小鸾词："诗余清丽相当，而时有至语。"

早春二月，疏香阁外梅花幽幽吐艳，清香扑鼻。叶小鸾清晨打开窗户，深深吸了一口气，不由得心神俱畅。她忽然听到帘子一响，娇俏侍女举着一枝刚刚折下的梅花跑了进来。小鸾忙伸手接过，只见梅花玲珑可爱，清香浸衣。侍女将梅花在花瓶中细心插好，小鸾这边已经铺纸蘸墨，作下一首七言律诗《早春红于折梅花至偶成》：

> 迟迟帘影映清霄，日照池塘冻若消。
> 公主梅花先傅额，美人杨柳未垂腰。
> 纱窗绣冷留余线，绮阁香浓绕画绡。
> 试问侍儿芳草色，阶前曾长翠云条？

温煦的阳光淡淡照在疏香阁的幕帘之上，也照在庭院里的池塘中。池塘的冰冻已经快融尽了，梅花已经全部开放了，梅花花瓣可以坠落在公主额前作一个娇媚的梅花妆了。而如同美人发丝一般的杨柳柳枝刚刚抽条，还未垂下来。纱窗上的绣线仍然浸着清冷的春风，而疏香阁里的画儿上却已经萦绕着浓郁芬芳。小鸾忍不住去问侍女红于，台阶前，有没有生长长长的翠云一般的绿丝萝？

在这里，叶小鸾用了梅花妆的典故。《太平御览》中记载，南朝宋武帝的女儿寿阳公主有一日卧于含章殿檐下，梅花飘落，暗香萦绕。在她不经意的时候，有一朵梅花正巧落到了她的额上，成五出之花，拂之不去，像是绘在她眉间一样，精致可爱。寿阳公主便以此为妆。宫人都觉更增其美，于是争相模仿。后世的梅花妆便从此而来。

后来，叶绍袁在这首词后面标注："红于，其随身侍儿，平日所最怜惜者。"红于是小鸾的随身侍女，但小鸾并不把她看成下人，而是把她当成最好的朋友。小鸾亲自教授红于诗词。红于也有慧根，一点就透，有点类似于《红楼梦》中黛玉教香菱作诗。黛玉也并不把香菱看作一个丫鬟，而是一位灵心慧质的可塑之才，悉心教导，终于让这个正值青春的少女感受到了诗词的灵性之美。叶小鸾对红于，大约也是如此吧。

因此，红于也通诗词，小鸾逝世后，红于归家，嫁给了一位士人，有作品流传于世。

昨夜疏风，今朝细雨

但在叶小鸾的咏春之作中，清新欢快的其实比较少，更多的是伤春惜春，透露出隐隐的宿命意识。如这首《玉楼春·春寒》：

南园蝴蝶飞无数，满院春寒帘幕护。深深人在小楼中，悄悄花开寒食路。

映阶日色时将午，添得罗衣窗影暮。寂寥孤馆闭闲春，但见斜阳窥绣户。

"悄悄花开寒食路"，寒食节亦称"禁烟节""冷节""百五节"，在夏历冬至后一百零五日，清明节前一二日。是日禁烟火，只吃冷食。在小鸾的笔下，春天并没有呈现出那种"阳春三月，江南草长。杂花生树，群莺乱飞"或者是"红杏枝头春意闹"的热闹纷繁，而是幽静的、空灵的。

寒食细雨，小鸾在池边散步，忽然池上吹来一缕柔暖春风，但把花瓣儿吹落了一地。红花凋落一地，绿叶也显得有几分忧伤，仿佛也在为花落而愁怨。天上流云，地上轻雾，一切都显得有些迷蒙。已经是寒食时节，恰逢雨天，梨花上点点细雨，如美人含泪，这样的天气，还是闭门不出吧。细雨之后，斜阳淡淡地照在芳草之上，于是出来在庭院散步，只觉心中涌动着微微的忧愁。既然有些情感自己难以把握，索性就把这些交给春神"东君"做主。西风一起，柳絮飘扬，如千丝万缕的愁绪，正如少女心中的小忧伤一样驱散不尽。她此时的心思，便付诸这首《蝶恋花·春愁》之中：

> 蓦地东风池上路。绿怨红消，竟是谁分付。不断行云迷楚树，闭门寒食梨花雨。
>
> 雨后斜阳芳草处。闲把情怀，付与东君主。便向西园飘柳絮，不能飘散愁千缕。

又如这首《踏莎行·闺情》：

> 昨夜疏风，今朝细雨，做成满地和烟絮。花开若使不须春，年年何必春来住？
>
> 楼外莺飞，帘前燕乳，东君漫把韶光与。未知春去已多时，向人犹作愁春语。

前一天晚上一直在刮风，而这天清晨便下起了细雨，叶小鸾推窗而望，以为会看到落花成冢，结果眼前只有落了满地如烟似幻的柳絮。春天里如果不开花的话，那为何要年年迎春呢？楼外黄莺儿飞上飞下，帘前燕子在哺饲幼雏。叶小鸾忽然回过神来，春天已经逝去很久了，自己还在作愁春之语呢。这时光，真是过得太快了！东君是司春之神，也指太阳神，暗指飞逝的美好时光。

这首词的词意似是化自李清照的《如梦令》："昨夜雨疏风骤，浓睡不消残酒。试问卷帘人，却道海棠依旧。知否知否？应是绿肥红瘦。"而十几岁的叶小鸾在意象的选择上显得更为隽永空逸。"疏风""细雨""烟絮""莺飞""燕乳"，让人感受到少女的清新活力。

沈宜修有"明代李清照"之称，小鸾和姐妹们写词也多受李清照影响。叶小鸾《水龙吟·秋思》中的"想江头木叶，纷纷落尽，只余得，青山瘦"，《踏莎行·秋景》中的"断云飞尽碧天长，数枝烟柳斜阳瘦"，《虞美人·看花》中的"昨宵细雨催春骤，枕上惊花瘦"，《千秋岁·即用秦少游韵》中的"慵嫌金叶钏，瘦减香罗带"等，运用"肥""瘦"二字来形容所写之物的手法都来自于李清照的"绿肥红瘦"。

又比如这首《踏莎行·早春即事》：

> 檐畔梅残，堤边柳细，暖风先送游人意。流莺犹未
> 弄歌声，海棠欲点胭脂醉。
> 鸟踏风低，烟横云倚，湘帘常把春寒闭。无端昨夜
> 梦春阑，丝丝小雨花为泪。

梅花飘零，柳叶细细，暖风习习。黄莺儿的歌声清脆流丽，海棠花像是涂了胭脂一般美得醉人。睡在湘帘之内，隐隐能感觉得到

沁人的春寒。而帘外还飘着丝丝小雨，像是花儿流下的点点滴滴的泪。

叶绍袁在词后批注："十六七岁女子，正如花之方苞、春之初艳，无端而梦春阑小雨，而为花泪，总是不祥。"十六七岁的女孩子，正是美好的生命刚刚开始的时候，如同正准备绽放的花苞、徐徐拉开序幕的春天。而小鸾在词中透露出来的更多是忧伤，觉得那丝丝春雨是花儿流下的泪。比喻虽然新巧，但父亲认为其中却隐隐透露出不祥。与其他快乐无忧的青春少女不同，小鸾的作品总是凝着一缕风露清愁。

这和她的经历是密切相关的。幼时，她就到了一个陌生的环境，舅父、舅母关系不睦，后来又经历了与舅父的生离、与舅母的死别。她秉性灵慧，却这么早就面对生死这个大命题，对人生、对命运有着超越年龄的见解和感悟。她的心事很深，思绪很多，而这些，她的父母和姐妹却并不了解。

作为一位初长成的小少女，叶小鸾天性热爱大自然，热爱春天，对爱情也怀着一份隐秘的憧憬和向往。但是她也感觉到生命中美好的一切就如同春光般易逝而难以挽留，她在词中曾经有过感叹："流水年华容易老，秋月春花，总是知多少。"相对于其他青春少女来说，叶小鸾多了一份早慧的忧愁。

有一天夜晚，叶小鸾独自坐在闺房中看书，熏炉里的沉香渐渐燃尽了，满室幽幽香气。万籁俱静，叶小鸾也微微有些困倦，星眸惺忪，几乎要合目睡去。

忽然听到一缕箫声呜呜咽咽、如诉如泣地传来，似乎在诉说着某种无可名状的闲愁。小鸾侧耳倾听，那箫声若有若无，恰恰就在此时，窗外淅淅沥沥地下了一阵急雨，隔着帘儿听到微雨打在芭蕉上，小鸾不由得涌起了一阵忧伤。于是，那天晚上，她端坐到书案前，写下了一首清丽小诗《雨夜闻箫》：

纱窗徙倚倍无聊，香烬金炉懒更烧。
一缕箫声何处弄，隔帘微雨湿芭蕉。

清明节过后，小鸾去赏花。海棠花娇艳，如春睡未醒，却像是把黄莺儿惹恼了一般，鸣叫不止。此时杨柳旁的湖水涨上来了。岸旁芳草连天，如同愁绪一般绵延不尽。春风吹来，杜鹃花显得更加娇俏了，但它的美却没有什么人来欣赏，碧玉栏前游人很少。于是，小鸾写下一首《虞美人影·春日》：

海棠睡惹流莺恼，又是清明过了。杨柳水边多少，愁绪萦芳草。

杜鹃枝上东风悄，碧玉栏前人杳。一夜绿娇红老，只怨春归早。

虽然是抒发愁绪，但是整首词却给人一种清凉剔透的感觉，如一枚绿色轻盈的薄荷叶。

叶小鸾的词以春为题的有《浣溪沙》八首，分别描写早春、春思、春闺、春暮、春夜等。清人陈廷焯《云韶集》中评道："《浣溪沙》诸阕，无不哀艳芊绵，却是神仙中人语，无一字凡间人道得出来，真不输韩夫人赤城仙也。"

《浣溪沙·早春》是轻松而明亮的，玲珑如早春初露一般：

灯夕初过冷未平，乍看今日试微晴，东风已解向人迎。

梨蕊几时飘弱韵，柳条如欲荡柔情，隔墙何处按歌声。

刚刚过了正月十五，空气中依然有丝丝寒意。忽然发现今天天气已经转晴，东风扑面，有柔暖之意。而院里的梨花已经悄然绽开了，纤细的梨花花蕊颤巍巍的，很是惹人怜爱。杨柳的柳枝轻轻在风中摇摆，似有柔情缠绻。墙外，忽然传来清亮的歌声，原来，不知道是哪位少女，也被这初绽的春光所感，竟禁不住放声歌唱起来。这首小词满蕴着早春清丽的气息，展现出少女欢悦的心情。这时的叶小鸾，才更符合她本来的年龄。那位放歌的少女，也许是深得她们母女喜爱的侍女随春吧。

《浣溪沙·春闺》则又是抒发无可名状的忧愁了：

曲榭莺啼翠影重，红妆春恼淡芳容，疏香满院闭帘栊。

流水画桥愁落日，飞花飘絮怨东风，不禁憔悴一春中。

亭台楼阁，翠影重重，间或传来黄莺清脆的啼啭之声。庭院里的花儿都开了，如少女红妆，芳香淡淡。而疏香阁里的门帘却低垂着，那里面的少女独自在闺房中忧愁。她是在忧愁什么呢？夕阳西下，黄昏中的少女剪影，清妙优美。她静静地看着落日中的流水画桥，飞花飘絮。春光虽好，但是易逝呀。念及于此，不由忧愁得憔悴消瘦了。

写春闺的还有这首《蝶恋花·春闺》：

> 春半余寒犹未褪。雨雨风风，赚得清明近。杨柳垂腰消酒困，海棠点靥藏春晕。
>
> 一树桃花红雨阵。片片飞来，铺尽苍苔印。燕子不归难借问，东风易去还因甚。

春日已经过半，但冬天的寒意仍然未褪尽，在淅淅沥沥的细雨中，清明节也渐渐近了。柳枝已经茂密浓碧了，像是从酒醺中醒来，海棠花如少女脸上的点点笑靥，藏进了她颊上的红晕之中。一树桃花开得正浓，风一吹来，苍苔上都落满了娇嫩的花瓣。燕子还没有回来，想问它什么也问不到了，我想问的就是，为什么春风这么容易吹过，春天这么容易逝去呢？

叶小鸾文字向来"轻巧尖新"，这首《蝶恋花·春闺》中的"杨柳垂腰消酒困，海棠点靥藏春晕"，的确也很得李清照的神韵。词句情感细腻，情思空灵，这是一个少女纯美清新的精神世界。

春日午睡初起，小鸾推窗一望，只见竹林幽静，浮着淡淡的烟雾，薜荔映了满墙绿意。柳枝轻轻摇曳，鸟儿不时鸣叫。于是，小鸾端坐在小窗之下，素手轻拨，一曲瑶琴，叮叮咚咚，让人从午梦中悠悠醒来。闺房中半炉沉水香熏出春之芬芳，调和成一片春日的宁静恬然。渐渐地，夕阳西斜。余晖照在瑶琴之上，小鸾抬起头来，望向窗外。原来不知不觉，又弹琴弹了一个下午。于是，她用一首《浣溪沙·小窗即事》记录下了这个散发着淡淡春愁又幽雅安静的下午：

> 竹径烟迷薜荔墙，好风摇曳弄垂杨，无情啼鸟向人忙。

一曲瑶琴消午梦，半炉沉水爇春香，倚栏无语又斜阳。

小鸾在《玉蝴蝶·春愁》里，写那些催花小雨，芊芊芳草，流红泛去，又是一片春愁：

> 梦破晓风庭院，粉墙花影，睡起恹恹。几日双娥愁损，镜里春尖。看尽他、莺梭柳线，都织就、雾锦云缣。最难忺，催花小雨，依旧廉纤。
>
> 堪怜，韶光淑景，芊芊芳草，寂寂钩帘。燕子归来，花香都向绿琴添。散闲愁、流红泛去，消酒困、湿翠飞粘。怯春衫，香烘袅袅，袖护掺掺。

《浣溪沙·送春近作》是春光将逝时所作：

> 春色三分付水流，风风雨雨送花休，韶光原自不能留。
> 梦里有山堪遁世，醒来无酒可浇愁，独怜闲处最难求。

那春季快接近尾声，落花纷飞，有三分春色都付诸了流水。春光再好，再怎么珍惜，总有三分会被浪费。风雨之中，落花凋零殆尽。原来春光是强留不住的。梦中青山隐隐，还可暂时逍遥自在，但是醒来之后，又要面对这春光易逝的事实，却是无酒可以浇愁，只好独自在春闺忧愁着。叶绍袁语："凡壬申年作，俱此等语，真不解何故。问天天远，如何如何！"

春暮，落花纷纷，杏花飘洒如雪，小鸾眷恋春光，写下了一首《杏花天·春暮》：

> 翠烟无意撩书幌，带芳草、侵云渐长。晚风初作落花声，九十将阑未赏。
>
> 南园路、风光暗想。听唤雨、鸣鸠两两。小池水皱萍漪绿，泛得红香惝惘。

芳草依依，流云曼动。晚风袭来，落花轻软。独自在南园路慢慢走着，听到雨中有斑鸠的几声鸣叫。叶小鸾走到池边，见水波微兴，碧绿色的涟漪轻轻泛开。

春日里，她在午梦堂漫步，于池畔看到了一朵芙蓉花，又由芙蓉花想到了《古诗十九首》中的"涉江采芙蓉""岁月忽已晚"的句子，便写下了一首《池畔》：

> 凉风袭轻袂，徘徊临前池。
>
> 栏花映日发，婀娜余芳姿。
>
> 澄波灿明镜，照我幽人思。
>
> 我思在霄汉，飘举任所之。
>
> 但恐岁月晚，相看泪如丝。
>
> 试采芙蓉花，何如茹隐芝？

凉爽的风儿轻轻吹拂着她春日里轻薄的衣裳，而她独自徘徊在池塘前面。这池子里的花儿映着日光，越发显得婀娜多姿。而池水澄澈碧青有如明镜，照耀着她清丽的容貌、深思的双眸。这少女的心呀，早已经飞到九霄云外，随风飘荡，任意东西。

然而，等她回过神来，回到现实之中，又生出了无名的惆怅。时光荏苒，岁月如梭，虽然现在青春正好，但是也怕有一天岁月老去。她禁不住问芙蓉花，哪里才能找到令人长生的灵芝呢？

《生查子·送春》，意境开阔飘逸，但底子仍是忧愁的：

> 风飘万点红，零落胭脂色。柳絮入帘栊，似问人愁寂。
> 凭栏望远山，芳草连天碧。深院锁春光，去尽无寻觅。

暮春时节，风一吹来，桃李娇杏，万点花瓣，随风而舞，犹如胭脂点点，零落满地。柳絮飘进帘内，仿佛是在询问少女为何如此哀愁。少女无言，独自凭栏远望，只见芳草碧色连天，这深深庭院中的春光终究也是锁不住的。待到春光去尽，又当往何处追寻呢？

黄昏中，花影斜斜晃动，暮色侵入窗纱，一轮皎月正在徐徐升起，照耀着远处如同少女发髻一般的山峦。叶小鸾对着菱花镜静静看着自己的容颜，又生出伤感来。她写下了《浣溪沙·春暮》：

> 曲曲栏杆绕树遮，半庭花影带帘斜，又看暝色入窗纱。
> 楼外远山横宝髻，天边明月伴菱花，空教芳草怨年华。

"又看暝色入窗纱"语出谢灵运《石壁精舍还湖中作》诗："林壑敛暝色，云霞收夕霏。""楼外远山横宝髻"语出王勃《临高台》诗："为我安宝髻，娥眉罢花丛。"

庭院之内，莺燕纷纷飞舞鸣叫着，小鸾黄昏中对镜梳妆，倦然倚门。只见青草寂寂，杨柳枝在风中飘拂，似乎要挽住余曛。

于是写下了一首《浪淘沙·春闺》：

> 终日掩重门，莺燕纷纷。昼眠微醒觅残魂。强起亭
> 亭临镜看，重整双云。
>
> 倦倚碧罗裙，又早黄昏。侵阶草长旧愁痕。惟有垂
> 杨千尺线，绾住余曛。

这首词中的心境，也是《红楼梦》中湘云柳絮词里"春且住""莫使春光别去"的意味。柳垂金线、桃吐丹霞、莺歌燕舞的大好春光中，叶小鸾"倦倚碧罗裙"，想的不是如何享受这大好春光，而是一再忧虑春光的不可挽留。

虽然小鸾的词作多处触动愁情，却是不萎靡、不做作，始终不脱清丽的少女气息，清新宛然，纤婉空灵。如这首《鹧鸪天·春怀》：

> 日上花梢睡未醒，绣衾香暖梦留人。依依柳眼天边
> 碧，淡淡山眉镜里青。
>
> 无意绪，惜娉婷，缘阶芳草伴愁生。东风吹梦知何处，
> 空听流莺槛外声。

日上花枝，花满枝头，但少女在春闺中尚且浓睡未醒。绣花的衾被又香又暖，少女正做着好梦，舍不得醒来。梦中少女对镜梳妆，镜中柳眼山眉，正是清澈得能滴出水来的好年华。但是少女却越发珍惜起这春光来，看着台阶旁芳草依依，愁绪暗生。东风吹梦醒，少女莫名惆怅，拥被不起，静静听着窗外黄莺儿的清脆鸣声。

叶小鸾也有在夜晚抒发幽居闲愁的词，如《捣练子·暮春

月夜》道：

> 春寂寂，月溶溶，落尽红香剩绿浓。明月清风同翠幕，
> 夜深人静小窗空。

寂寞春夜，月光荡漾，绿荫浓碧，落花成冢。翠影之下，叶小鸾独赏清风明月，夜深人静，四顾寂然。整首诗给人一种空灵而寂静的感觉。也有学者评价为"空谷幽寂之感"。

王端淑《名媛诗纬初编诗余集》选其《捣练子·暮春月夜》一首，评道："词家口头语，正写不出，在笔尖头，写得出便轻松流丽，淡处见浓，闲处耐想，足以供人咀味。何必苏、刘、秦、柳始称上品？"

《浣溪沙·春夜》则又是一番玲珑心肠：

> 柳絮飞残不见春，近来闲杀惜花心，无聊独自步庭阴。
> 紫燕未归余画栋，黄昏先到怯囊琴，灯花月影两深深。

正是春日，柳絮飞尽，但是在小鸾的眼中，却看不到半点春意，连惜花之心都淡了。无聊之下，独自在庭院里散步，听不到燕子的呢喃，弹琴一直到黄昏，唯有灯花与月影相惜深深。"灯花月影两深深"一句，让人顿生凄凉，可谓"通篇不著一字，读之无限愁生"。

晨起细雨，小鸾也有一番感慨，其《后庭花·夜思》道：

> 朝来烟雨繁，金炉香缕翻。坐久还慵立，眠多愁

梦烦。掩重门，落花流水，依稀随断魂。

早上烟雨蒙蒙，香炉漫出缕缕幽香。少女坐久了，便慵懒地站起来。睡久了，却总是被梦烦扰。门掩重重，但想见门外落花流水，黯然销魂。这依然是大家闺秀庭院深深的生活。

人们为何会忧愁？魏晋时曹丕曾经有过这样的诗句："高山有崖，林木有枝。忧来无方，人莫之知。"忧愁的到来本来就是没有理由、没有方向的，每个人的心底或许都埋着深沉的忧愁，只是有人感觉到，有人感觉不到而已。曹丕身为男子，已如此慨叹，何况身为天才诗人、极其敏感的叶小鸾呢？

作为闺秀的叶小鸾，一直居住在闺房庭院里，每天所见到的，不过是庭院中的花花草草，年龄又幼小，并未真正见识到广大的天地。因此，她诗词的题材狭窄显然不可避免。但是，叶小鸾在这样单调而狭窄的主题中，总能翻出新意，词中多有佳句，的确是"淡处见浓，闲处耐想，足以供人咀味"。

据统计，在叶小鸾《返生香》中对于春季的抒怀、即景诗约四十首，如五言古诗《春日》、五言绝句《春日晓妆》、七言绝句《立春前一日》及词作中大量的"早春""春思""春闺""春暮""春夜"主题。秋季诗词亦有四十余首，而夏、冬两季的描写则明显较少。

竹径深深，湿翠侵眉

春天快结束了，夏天就要到来了。立夏日便是春和夏的分界点，古人在这一天备酒食为欢，名为饯春。《清嘉录》里说："立夏日，家设樱桃、青梅、元麦，供神享先，名曰夏见三新。宴饮则有烧酒、酒酿、海蛳、馒头、面筋、芥菜、白笋、咸鸭蛋等品为佐，蚕豆亦于是日尝新。"

而在这一天，小鸾却是"意怯花笺，心慵绣谱"，想到春光易逝，"送春总是无情绪"，写下了一首《踏莎行·闺情》：

> 意怯花笺，心慵绣谱，送春总是无情绪。多情芳草带愁来，无情燕子衔春去。
>
> 倚遍阑干，斜阳几许。望残山水蒙蒙处。青山隔断碧天低，依稀想得春归路。

但是真正到了夏天，尤其是初夏的好天气，叶小鸾也是喜欢的。午后的浅浅阳光、微微柔风也都让她感到惬意。

身在午梦堂，轻风习习，花绕萝门。燕子点水而过，涟漪轻轻荡开，石榴吐艳，翠竹摇曳。她写下两首《午日》，新鲜活泼，心思纤巧，体物精微：

其一

暄风日正午，砌花绕萝门。

一一燕子飞，掠烟成漪纹。

榴苞竞霞红，竹粉萦蛾绿。

采丝系皓腕，金杯泛香粟。

其二

蒲玉香浮琥珀杯，榴花红艳锦云堆。

琅玕自绕回廊外，翠影清风入袖来。

这两首诗的风格都是恬静温淡、清丽可喜的。

有一天，天空簌簌下了一点小雨。雨后，午梦堂里竹径深深，满地桐花，湿翠侵眉。小鸾见此清丽雨景，写下一首《点绛唇·夏日雨景》：

> 竹径深深，流云晓度罗帏静。雨丝几阵，满地桐花冷。
> 湿翠侵眉，纤晕苍苔影。看无尽，绮屏人映，一片潇湘景。

初夏傍晚，凉风细细；荼蘼沁香，荇风轻约，曲阑凭遍，情思悠长，如此轻盈宛转的初夏风光，让少女又生出了淡淡闲愁，挥之不去，若有若无，竟忘记了卷帘，以致耽搁了归梁双燕。《浣溪沙·初夏》记录的就是此时的风光与心情：

> 香到荼蘼送晚凉，荇风轻约薄罗裳，曲栏凭遍思偏长。
> 自是幽情慵卷幌，不关春色恼人肠，误他双燕未归梁。

小鸾"词格坚浑，无香奁气"。这词中的闲愁，恰似李清照词中语："此情无计可消除，才下眉头，却上心头。"

夏日烈日炎炎，浓荫匝地，处处蝉声，莲花出水，翠竹依依。小鸾在疏香阁里令侍女卷起珠帘，把屏风撤走，自己则睡在竹席之上，轻轻地摇着扇子，等凉风至。天色渐暗，夕阳渐斜，终于有了一缕缕南风吹过来。叶小鸾在这天写下了一首《鹧鸪天·夏日》，如记日记一般，记录了她这天的心境：

> 处处蝉声咽柳亭，隆隆日午正当庭。莲香有水红妆倩，竹粉无风翠影停。
>
> 挥扇子，候凉生，疏帘小簟却银屏。南熏日暮无行雨，唤杀啼鸠不耐听。

当然，夏天也有极开心的时候，那就是夜晚。不复白天的炎热，夏夜显得很是凉爽。风吹过来，凉沁沁的，有蟋蟀在墙外轻轻地鸣叫。叶小鸾走出疏香阁，见台阶上的花瓣在月色下悄悄坠落下来，轻软无声，香气袭人。她独自在花影中听虫鸣，赏明月。月色明朗，景色也看得清清楚楚，她只觉清景无限。再仰看天河，只见斗转星移，星光熠熠。

这晚，她写下的是《浣溪沙·秋夕》：

> 风透疏棂景色清，凄凄四壁怨蛩鸣，夜深微湿露无声。
> 砌上落花和月落，帘前明月近花明，又看河汉半斜倾。

七夕是古代的女儿节，也是传说中天河两岸牛郎织女相会的日子。民间有供奉瓜果、穿针乞巧的活动。在叶小鸾家，七夕之夜，姐妹们也是聚在一起，仰看双星渡河，并向织女乞巧。清露点点，落花阵阵，月色皎洁。这是个欢乐的时刻，少女们尽情饮酒，不惜一醉。有女伴在海棠花畔徐徐吹起了一支洞箫，箫声呜呜而起。

她作了一首《蝶恋花·七夕》，来记下这次少女们一起玩闹时天真烂漫的快乐：

飞鹊年年真不误。机石停梭，掩映河边渡。清露未销杨柳暮，落花借点疏萤度。

月色风光都莫负。酒酌芳樽，不把佳时错。女伴随凉池上路，海棠花畔吹箫坐。

后来，叶小鸾在大姐叶纨纨出嫁之后，以少女的直觉与天生的敏感，感受到姐姐婚姻的不幸与命运的悲惨。而与此同时，她自己的婚期也渐渐逼近了。对此，她感到无力且无奈，再过七夕时，她笔下之词就不同往日的轻巧明快了，满是凄凉悲戚之意：

其一

桥畔，鸾扇。星钿霞钏，暂撇残机。步移，思量去年今夕时。凄其，未期先惨离。

借得嫦娥初月镜，窥瘦影，拂试翠眉整。驾云霓，河汉西，凄迷，只愁鸡暗啼。

其二

婀娜，人坐。佳时瓜果，气朗长空。月宫，断霞半天衫袖红。重重，紫薇花影浓。

曲沼芙蕖香满院，人正宴、数点晚萤见。倚针楼，看女牛，莫愁，今宵犹未秋。

叶绍袁在这两首词后批注道："未期先惨离"，遂成奇谶。伤哉痛哉！

叶小鸾还写过两首《咏牛女》，也是清新而怅惘，萦绕着一缕挥之不去的悲凉：

其一

揽拂清辉映雪明，含情自理晚妆成。

双蛾久蹙春山怨，今夕相看两恨平。

其二

碧天云散月如眉，汉殿新张翠锦帷。

只恐夜深还未睡，双双应话隔年悲。

虽然七夕牛郎织女相会了，但是欢聚一天之后，又是一年长久的别离。在小鸾看来，这样的相聚并没有意义，反而更添悲冷。正如林黛玉天性中的"喜散不喜聚"一样，叶小鸾把这些短暂的相聚看得太过通透。

邓红梅在《女性词史》说道："朦胧体验到的成年女性所永驻的常规生活情景乃至情感方式，则令十七岁自赏自慧的少女有挫折感和失望情绪，所以还没有开始成人化的女性生活，她就对进入此境有些厌倦了。"

她独自一人在池边仰望双星渡河，沉默不语。侍女红于也不了解她为何在七夕之夜突然又这样多愁善感，郁郁寡欢，于是便来催她去疏香阁安寝。小鸾回到疏香阁，看着窗外一轮明月洒着清辉，却是怎么都睡不着，索性披衣而起，写了一首《七夕后夜坐红于促睡漫成》：

池畔芙蓉映碧萝，双星今又隔银河。

侍儿未解悲秋意，明月高悬怯素罗。

与沈宜修所作的《浣溪沙·七夕》相比，可看出母女二人的不同来。沈宜修所作，满是清雅秀隽的甜蜜之意，在她笔下，那与牛郎在七夕相会的织女因为心中过于喜悦，竟暗暗嘲笑起那广寒宫中孤清一人的嫦娥来。这是因为沈宜修夫妻感情和睦，对爱情和生活是满足而喜悦的：

> 落日妆成罢锦棱，步摇仙佩紫云罗，银河风静出金珂。
> 青鹊妆催眉月小，紫鸾彩簇步云多，双栖玉树笑嫦娥。

沈宜修还曾在七夕为新婚的六妹写过四首《七夕赠六妹合欢》，也是一派甜蜜轻快：

> 其四
> 香含玉树送新凉，彩扇遥遮逗月光。
> 笑指女牛经岁别，相看莫羡有情郎。

屈指西风，流水年华

物候的变化是微妙的，叶小鸾对此的感知极其敏锐。古人将立秋分为三候："一候凉风至；二候白露生；三候寒蝉鸣。"当立秋的第一缕凉风袭来之时，她已经感到了秋之萧瑟。她的词中有对初秋、秋夜、秋思的描写，伤春悲秋，尤以悲秋为甚。

在立秋这天，小鸾便写下《蝶恋花·立秋》一词，感叹的是青春易老、年华易逝：

屈指西风秋已到。薄簟单衾，顿觉凉生早。疏雨数声敲叶小，小亭残暑浑如扫。

流水年华容易老。秋月春花，总是知多少。准备夜深新梦好，露虫又欲啼衰草。

这首词含蓄蕴藉，哀而不伤。叶绍袁在词后标注："怅惜流年之意，暗中不觉，真可黯然。"

初秋的时候，小鸾和姐妹们外出游玩，到池塘去看荷花。碧水潋滟中，有的荷花还在开放，娇艳如少女的芙蓉面；有的已经谢了，露出小小的莲蓬。忽然听见江面上传来采菱的歌声，唱得欢快而又令人喜悦。轻云在江面上变幻倒影，草木染上明艳秋光。仰头看着天空，不知道大雁何时归来，远方亲人近况如何。对着一江烟水，叶小鸾心里又泛起淡淡愁波。她写下了一首《菩萨蛮·初秋》：

池塘碧浸芙蓉面，莲房怨粉惊团扇。何处一声声，隔溪歌采菱。

轻云流影急，秋入平芜色。寒雁几曾还，一江烟水寒。

秋天的夜里，更是惹人感怀。小鸾写有一首《南柯子·秋夜》：

门掩瑶琴静，窗消画卷闲。半庭香雾绕阑干。一带淡烟红树、隔楼看。

云散青天瘦，风来翠袖寒。嫦娥眉又小檀弯。照得满阶花影、只难攀。

"门掩瑶琴静"似点化鲍照《拟古》诗"明镜尘匣中，瑶琴生网罗"而出新意。以"青天瘦"形容秋夜的澄净清澈，为前人所未道。陈廷焯也认为"'云散'五字新警"。"风来翠袖寒"则是化用杜甫《佳人》诗"天寒翠袖薄，日暮倚修竹"的诗意，自写秋夜衣裳轻薄，有一种"岁月长，衣裳薄"之感。

叶小鸾咏秋夜的词还有一首《菩萨蛮·秋夜》：

秋声又到梧桐井，半廊花雾笼虚影。试唤侍儿来，纱窗带月开。

浮光怜露叶，暗草蛩凄切。何似独愁予，新词吟未如。

花影朦胧，如笼轻雾。小鸾唤来侍女红于将纱窗打开，便看到一轮皎洁的秋月，月色融融。树叶上的露珠在月光下闪闪烁烁，惹人怜爱。树影下的草丛里秋虫在低吟。于是，小鸾又在独自悲秋，撰写新词了。

日暮时分，夜色如潮水般涌来，一切都渐渐朦胧起来，只听得到大雁的悲鸣之声。而远处也是云烟迷离，红叶飘落江上。只听得满耳秋声，是风吹叶落的簌簌之声，还以为是下雨了。但她揽帘细看，又看到一轮清冷圆月。灯影轻轻地在墙壁上摇动着，叶小鸾走到台阶那里，只觉清冷侵罗袜，原来台阶上已经结露了。她静静伫立着，听得到秋虫的低吟之声。这晚，她写下了一首《疏帘淡月·秋夜》：

窗纱欲暮，渐暝色朦胧，暗迷平楚。断雁凄哀点点，远天无数。苍烟染遍西风路，剪江枫、飘红荻浦。画栏东角，疏帘底畔，徘徊闲伫。

漫赢得、长宵如许。又锦屏香冷，绣帏寒据。满耳秋声，长向树梢来去。萧萧竹响还疑雨，悄窥人、嫦娥寒兔。壁摇灯影，空阶露结，怨虫相语。

疏帘淡月，极其典雅的一个词牌名。看到词牌名，仿佛能见一美人于夜间轻轻卷起珠帘，帘外月影浅淡，花木扶疏，清气浮动。叶小鸾这首《疏帘淡月·秋夜》层层递进，由近及远，由内而外，以清丽之语，将内心的忧愁之情表达得深婉而又悠长。

叶小鸾关于秋天的词，即使是写愁，也基本上是一种明净的忧思，格调并不阴沉。如《卜算子·秋思》道：

天淡水云平，风袅花枝动。罗幕凉生翠袖轻，柳外飞烟共。
独坐思悠扬，箫管慵拈弄。帐冷西窗一夜香，寂寞添幽梦。

淡淡天空，云卷云舒，微风袅袅，花枝轻颤，有凉意悄悄侵入衣袖。这样的天气里，很适合一个人静静坐着发呆，任思绪飞扬，连平常爱吹的箫也无心摆弄了。只有香炉里幽幽一缕暖香，在温暖着这个微凉的秋夜里寂寞的幽梦。

她在《诉衷情·秋夜》中则巧妙运用叠字，富于音乐感和节奏美，极有李清照词"寻寻觅觅，冷冷清清，凄凄惨惨戚戚"的境界与韵味：

蛩声泣罢夜初阑，香润彩笼残。多情明月相映，一似伴人闲。

灯蕊细，漏声单，透轻寒。萧萧瑟瑟，恻恻凄凄，落叶声干。

黄媛介在《读叶琼章遗集》里云："字字叙其真愁，章章浣其天趣。成风散雨，出口入心，虽唐宋名人亦当避席。但讶彼正桃李之年，何为言俱逼霜露？惜花太甚，遂成刻露飘零，咏鹊未期，竟兆惨离情事。"

她关于秋思的小词还有《阮郎归·秋思》：

其一

红绡秋锁小楼西，绿鬟鸾镜低。晓妆初罢思依依，徘徊花影移。

沉水爇，绮栊垂，闲愁不上眉。鸳鸯新绣夹罗衣，初寒半暖时。

其二

风飘黄叶怆辞枝，楼前处处飞。闲来无闷亦凄其，方知秋气悲。

堪叹处，可怜时，倚栏空自知。徘徊魂梦欲何依。沉吟黯黯思。

两首词几乎都是这种"阑干凭遍，妆台渐冷，黯黯无语空凝伫"的惆怅之意。

叶小鸾关于秋日的词，还有"秋雨急，酿就晓寒相逼""蕉雨潇，不管人愁只乱敲""隔帘飘落知多少，树下香魂应自消"等，都是些极灵动而忧郁的文字。

有一年元宵节，正好是个阴天，叶家姐妹出去赏月，并没有看到月亮。东风轻软，处处笙歌，灯山处处，火树银花。但小鸾关注的，只有被重重乌云遮挡住的明月清光，还有夜色中悄然飘落的几点梅花。一边是极度的热闹，一边却是极度的清冷。小鸾自然敏锐地捕捉到了那一点清冷。在这日，小鸾写下两首《菩萨蛮·元宵无月》：

其一

画楼春弄东风软，灯山处处笙歌满。几点落梅花，侯家醉丽华。

歌声还换酒，夜色频催漏。云幕掩嫦娥，清光不放多。

其二

繁云遮住瑶天月，绣屏围处珠帘揭。风度绮罗香，秾姿映画堂。

银花开火树，一夜星移曙。莫羡管弦声，还愁月未明。

她文字中流动的，始终是这种灵动的伤感，始终咏叹的是生命无常和岁月流逝。

端午节是悼念屈原的日子，叶小鸾是小小少女，少出闺门，虽不知人间疾苦，尚未有关怀苍生的胸怀，但是那种天生的忧郁与求索的失落却与屈原的诗心隐隐有相通之处，她写下一首《临江仙·端午》：

团扇新裁明月影，珠帘半上琼钩。榴花红到玉钗头。彩丝宜续命，绿砌绕忘忧。

酒泛菖蒲香玉碎，嫩红双靥横秋。画船何处闹歌楼。萧萧烟雨外，还锁楚江愁。

除夕之夜，本来是一家欢聚的日子，而她却只觉得"一岁空怜如梦"，仍然是叹惋时光之意，作《如梦令·辛未除夕》：

其一

风雨帘前初动，早又黄昏催送。明日总然来，一岁空怜如梦。如梦，如梦，惟有一宵相共。

其二

雁唤西风天际，槛外梅花香细。今夜与明朝，试共相看不睡。且睡，且睡，守岁何如别岁。

冬去春来，又快到立春了，雪中寒梅又在凌寒轻绽。小鸾虽然对春天的到来充满惊喜，但转念一想，又感惆怅，无端又是一年过去了。要怎样，才能留住这疾逝的时光呢？《立春前一日》这首诗，仍是在感叹岁月匆匆：

寒入重帘袅篆烟，惊看春意在梅边。

残冬已逐斜阳尽，风景无端又一年。

邓红梅在《女性词史》中论及沈宜修、叶小鸾等人的创作指出："由于生活的不如意，加之天生体弱敏感，好静深思，沈氏女性文学家们多数愁肠百结，无可解脱，形成了别具特色的'午梦堂气质'。"

而叶小鸾也的确是个风露清愁的姑娘。有一次，舅父沈自征来看她，初时眉目如画的小玉人儿已经长成了一个亭亭少女。想起在小鸾身上倾注无数心血的妻子张倩倩，沈自征又悲又喜，问她："尚忆少时同汝姈雪夜乏炉，以瓦甓贮火，诵毛诗二南否？"叶小鸾低低说了一句"忆之"，就呜咽失声，终席无一寒暄语，只低首掩泪。

天启五年（1625）沈自征离家北上京师后，小鸾同他仅有一次相会，是在崇祯四年（1631），也就是小鸾去世前一年。虽多年不见，却并没有冲淡小鸾童年时与舅父结下的父女之情。

小鸾曾经在寄给舅父的词《踏莎行·忆沈六舅父》中写道："十年客梦未曾醒。"小鸾一直深藏着与舅父、舅母在一起生活的回忆，那些在舅父、舅母教导和关爱下成长的时光对她来说极其珍贵。舅母已经去世了，她内心深处非常想和舅父多多见面，重温童年的情怀，追忆当年的岁月。然而舅父多次写信说要回来，却屡次爽约，"几番归约竟无凭，可怜只有情难尽"。

虞美人·看花　叶小鸾

阑干曲护闲庭小，犹恐春寒悄。隔墙影送一枝红，

却是杏花消瘦旧东风。　　海棠睡去梨花褪，欲语浑

难问。只知婀娜共争妍，不道有人为伊惜流年。

第五章
阆苑仙葩：
有人为伊惜流年

细剪胭脂，轻含茜露

叶小鸾天性爱好大自然，沈宜修在庭院中种满花木，每到春日，整个庭院百花齐放，美不胜收。在午梦堂中，小鸾天天侍弄花草，夜夜枕花香入梦，花草树木陶冶了她的情操，滋养了她的精神。因此《返生香》中有很多咏植物的诗词，如《梅花》《茉莉花》《锦葵》《秋芍药》等。

这些诗词清隽秀雅，浸着淡淡的哀愁，又浸润着轻盈婉约的少女感，低低念之，亦觉似乎有草木清芬自字里行间缓缓溢出，沁人心脾。每一首诗里都有她的身影。她仿佛便是花之精灵，一朵在凡俗人世间自在摇曳的阆苑仙葩。清人周勒山评价小鸾词："昔黄山谷称晏小山词为《高唐》《洛神》之流，其下者亦《桃叶》

《团扇》。今读《返生香》诸词，则全是《高唐》《洛神》，非复《桃叶》《团扇》可仿佛也。"他以晏几道的词与之相比，认为叶小鸾的词为上品仙品，远远高出《桃叶歌》《团扇歌》之流。

小鸾春日踏青之时，见到垂柳依依，柳枝上有露水坠落，如离人之泪，而树干纤纤如美人细腰，斜阳中一对燕子归来，她吟了一首《上阳春·咏柳》：

> 无数灞陵桥畔。离人泪染。一生空自管销魂，只赢得、腰肢软。
> 陌上楼头长见。翠丝分线。和烟几度荡斜晖，误紫燕、归来晚。

又有一日踏青，再看那柳絮满天飞舞，如同点点离魂，飘飘闪闪。有一枚柳絮飘到小鸾身边，她纤手拈来，不由得又涌起惜春之感，于是便又作了一首《上阳春·柳絮》：

> 点点离魂如雨。轻狂随处。天涯不识旧章台，更阻断、游人路。
> 蓦地送将春去。燕慵莺忔。飘飘闪闪去还来，拾取问、浑无语。

叶小鸾的笔下更多的是吟咏花卉的词，那鲜花或袅娜妖媚，或清新淡雅，更像是少女绝美的青春。她的咏花诗有二十二首，描写对象包括桃花、梅花、玉兰、海棠、葵花、夜合花、蔷薇花、蝴蝶花、茉莉花、玫瑰花、芍药花、莲花等。据《返生香》集中叶绍袁批注："家有草花数十种，欲尽为题咏，未及半而死，伤哉！当尽断去不复留本也。"

那春天的藤萝显得格外精致，像是用剪刀特意剪出来的一样。小鸾想起唐代贺知章的诗句"二月春风似剪刀"，于是作下了一首《剪春萝》：

> 纱窗谁为理金刀，剪出红绡映碧绡。
>
> 分付东君好收拾，莫教春雨妒春翘。

她要吩咐司春之神东君善待这些美丽的花儿，不要让春雨淋湿打落了花瓣儿。"春翘"指的是春日茂盛的花木。

春日的紫荆花如同胭脂一般娇美，含满了盈盈露水，芳菲灿烂，争奇斗艳。细雨绵绵，薄雾轻盈，紫荆烟笼。小鸾心中欢喜，写下了一首明媚的《踏莎行·紫薇花》：

> 细剪胭脂，轻含茜露，芳菲百日浓辉聚。红妆懒去斗春妍，薰风独据珊瑚树。
>
> 翠叶笼霞，琼葩缀雾，湘帘影卷猩姿雨。仙郎禁院旧传名，亭亭好伴西窗暮。

庭院中还种有一丛秋海棠，丝垂翠缕，葩吐丹砂。叶小鸾特别喜欢这丛秋海棠。有一日，她见那嫣红的秋海棠闪烁在浅绿的叶子中，如同绝色美人。西风吹来，那秋海棠在风中轻颤，更见风姿。秋海棠娇美旖旎，似笑如愁，但它的忧愁，除了如叶小鸾一般敏感细腻的女孩子，又有谁人能懂？由花及人，此刻正值青春年少、花朵般轻巧俏丽的女孩子，将来她们这些千回百转的清澈心事，又有谁能懂呢？晚上，她笔下流泻出了一首《蝶恋花·秋海棠》：

> 浅绿嫣红开几许。谁料西风，也解倾城妩。酒晕盈盈娇欲伫，檀心半吐轻含雨。
>
> 剪向屏山深处贮。似笑如愁，旖旎怜还忔。低亸对人浑不语，断肠应恐人无绪。

"酒晕盈盈"是海棠的娇艳之色；"檀心半吐"意思是海棠花半吐花蕊，并未完全绽放，恰如含苞待放的少女。小鸾用语十分清新别致。

清晨烟雾缭绕，昏昏沉沉。而旭日东升后，整个庭院里便清朗起来。院中草色苔痕又抹上了淡淡一层秋光，闺房中，小鸾初起，刚刚撩开流苏床帐，便被窗外娇艳的海棠花晃得眼前一亮。于是，她便披衣而起，走到院中，折下几枝海棠花簪在如云秀发上，回屋对着妆镜细细观看。昨夜里虽然有熏笼暖床，但是秋夜凉沁，连香气都显得清冷了。但今天海棠花如此妩媚多姿，在妆台梳妆的少女也跟着明亮欢欣起来。

于是，她又为秋海棠写了一首词《清平乐·命红于折秋海棠花》：

> 断烟撩乱，霁景穿庭院。草色苔痕添一半，染得秋光堪玩。
>
> 流苏帐晓花开，海棠几蕊簪来。昨夜熏笼香冷，新寒多上妆台。

她看到雨后有几枝垂丝海棠斜斜倚靠在曲栏前，袅袅轻姿，淡淡如烟，又有雨珠滚动在花瓣之上，如同少女含泪，越发显得鲜妍娇艳，她便写下一首《垂丝海棠》：

> 袅袅轻姿淡淡烟，数枝斜倚曲栏前。
> 风情似怨腰先弱，雨后含情泪越鲜。

在叶小鸾的《浪淘沙·春景》中，亦有："海棠风醉艳红妆。折取一枝归绣户，细玩春光。"对她来说，满庭春意就凝聚在了这枝娇艳明媚的海棠花上。可见她对海棠花之喜爱了。

她写《茉莉花》，既写细小花苞如同明珠点点，又写月下的幽香阵阵：

> 玉骨含娇恨日长，明珠点点怯斜阳。
> 夜来月影回廊外，好照幽香送夕凉。

她写《蜀葵》，写那明艳的花朵如同碧玉枝头挽住的一抹落霞：

> 碧玉枝头绾落霞，湖山开遍绮罗斜。
> 一春何事无妆点，艾叶榴花共绛纱。

她写《锦葵》，仍然是用明亮的霞光作比，一番新雨过后，枝头花朵嫣然如满缀的明霞：

> 叶如初出芙蓉叶，花似篱边槿树花。

帘外一番新雨后，枝枝争似缀明霞。

她写《秋芍药》，写它浓艳妩媚却不与牡丹争春，而是在秋风中伴着清傲的菊花：

一枝妖艳倚栏杆，不向春前斗牡丹。
羞学赠人慵去采，秋风独伴菊花寒。

她写《金桃》，写桃花红红白白，朵朵生动，还有桃花金色花蕊的风姿，如同宫娥头上的额黄一般：

试向玄都观里游，红红白白共风流。
谁知又有黄金蕊，涂罢宫娥亦自羞。

兰花是君子之花，小鸾极为欣赏，因此，在词作中盛赞兰花的馥郁清香，并以兰花自喻，这便是《蝶恋花·兰花》：

碧玉裁成琼作蕊。馥郁清香，长向风前倚。楚畹当
年思帝子，紫茎绿叶娟娟美。
自道全无脂粉气。笑煞春风，红白匀桃李。幽谷芳
菲谁得比？猗猗独寄琴声里。

这兰花亭亭玉立，在风中袅娜着，紫荆绿叶，娟娟秀美。《离骚》中有："余既滋兰之九畹兮，又树蕙之百亩。"后因以"楚畹"泛称兰圃。

兰花有君子之风，并无任何矫情的脂粉气息，而独自笑傲春风。与红色桃花、白色李花相比较，分明还胜了一筹。在幽幽深谷中，它的芳菲更是无花可比。因此文人墨客非常欣赏兰花之高洁，将它写入了琴曲之中。

兰花入琴曲确实不少见，比如说古琴曲《幽兰操》（又称《猗兰操》）：

> 习习谷风，以阴以雨。之子于归，远送于野。
>
> 何彼苍天，不得其所。逍遥九州，无所定处。
>
> 世人暗蔽，不知贤者。年纪逝迈，一身将老。

唐代著名诗人韩愈曾作同名作品：

> 兰之猗猗，扬扬其香。不采而佩，于兰何伤。
>
> 今天之旋，其晷为然。我行四方，以日以年。
>
> 雪霜贸贸，荠麦之茂。子如不伤，我不尔觏。
>
> 荠麦之茂，荠麦之有。君子之伤，君子之守。

重阳节，茱萸已经结出了红色的小果子，荷花早已凋零了。而竹篱之外又有菊花在悄悄绽放，画楼之外有暗香盈袖。小鸾写作《南柯子·九日》：

> 日暖茱萸好，霜飞菡苕衰。碧云山外夕阳催，自有
> 竹篱斜径、菊花开。

烟重迷疏柳，阴浓笼湿苔。画楼时送暗香来，且去待看明月、倒金杯。

叶小鸾最爱梅花，她给自己的闺房也取名叫作疏香阁。她母亲沈宜修就曾作过百首梅花诗，叶小鸾自己也作过十首梅花诗。"堪笑西园桃李花，强将脂粉媚春华。疏香独对枝梢月，深院朦胧瘦影斜"，是以梅喻己；"窗前几树玉玲珑，半带寒烟夕照中。啼鸟枝头翻落絮，惜花人在画楼东"，是惜花怜花；"傲骨欺霜映碧浮，数竿修竹伴清幽。年年燕子无消息，春信谁将寄陇头"，则是思念在外奔波、杳无消息的舅父了。而诗中如"啼鸟枝头翻落絮，惜花人在画楼东""隔帘飘落知多少，树下香魂应自消"等，也都融入了小鸾自身的影子。

除了诗之外，叶小鸾还为梅花作过不少词。如《菩萨蛮·小窗前梅花一树正开为风雨狼藉作此志悼》：

嫩寒初放枝头雪，倚窗深夜窥花月。晓起卷帘看，飘零满画栏。

飞残千点白，点破苍苔碧。风雨几时休，巡檐索共愁。

叶小鸾在月夜独自倚窗而望，凌寒傲雪独自绽放的梅花，沐浴在淡淡月光下，显得那样娇媚可爱。早上起来，她惦记着梅花，赶紧卷帘而望，而梅花已经被风雪摧残，凋零满地，点点白色花瓣缀在碧色的苍苔上，让人怜爱。

在风雨中备受摧残的，还有春天的梨花。一夜风雨过后，梨花飘零满地，玉容惨淡，淡淡的香气弥漫庭院。小鸾禁不住涌起寂寞惆怅之情，作下了《雨中花·梨花》：

> 泪雨琼姿娇半吐，又一夜风摇鬟雾。绣陌啼莺，画梁归燕，莫便催春去。
>
> 脉脉柔情慵未足，叹寂寞玉容难赋。今夜黄昏，明朝庭院，空锁重门暮。

春日万紫千红，各种花儿按照时令依次绽放。根据南朝宗懔《荆楚岁时记》说："始梅花，终楝花，凡二十四番花信风。"这句话是说，自小寒至谷雨共八气（八个气节），一百二十日，每五日为一候，计二十四候，每候应一种花信。二十四候便成了二十四种花的代表。南唐徐锴《岁时广记》说："小寒三信：梅花、山茶、水仙；大寒三信：瑞香、兰花、山矾；立春三信：迎春、樱桃、望春；雨水三信：菜花、杏花、李花；惊蛰三信：桃花、棠棣、蔷薇；春分三信：海棠、梨花、木兰；清明三信：桐花、麦花、柳花；谷雨三信：牡丹、荼蘼、楝花。此后立夏矣。"小鸾在庭院里终日看花，花香满身。真可谓"花气袭人知骤暖，鹊声穿树喜新晴"。

叶小鸾曾写有三首《虞美人·看花》，其一为：

> 阑干曲护闲庭小，犹恐春寒悄。隔墙影送一枝红，却是杏花消瘦旧东风。
>
> 海棠睡去梨花褪，欲语浑难问。只知婀娜共争妍，不道有人为伊惜流年。

庭院中海棠枯萎，梨花凋零，只有隔墙一枝红杏开得正好。海棠花闭合了，梨花也从枝头飘落，少女想问候她们，却没有一朵花儿和她说话。她们只知道争芳斗艳，却不知有人正为她们的流年逝去而暗自伤神。虽然此词中仍是惜春，却满浸着少女的清纯与娇憨之意。

"隔墙影送一枝红"化用南宋诗人叶绍翁"一枝红杏出墙来"与北宋词人张先"隔墙送过秋千影"。叶小鸾为花惜流年，也是在为自己惜取这似水流年。淡淡的怅惘中，却蕴藏着对青春的无限留恋和拂之不去的哀愁。

春光明媚的时候，小鸾和姐妹们一起去看花，刚好前一夜落了一阵细雨，枝头花朵凋零大半。小鸾怜惜那些落花，如怜惜少女转瞬即逝的青春,怜惜生命的美丽与脆弱。回来之后，她作了《虞美人·看花》其二：

　　　　看花日日寻春早，检点春光好。轻罗香润步青春，
可惜对花无酒坐花茵。
　　　　昨宵细雨催春骤，枕上惊花瘦。东君为甚最无情，
只见花开不久便飘零。

一早起来便去看花，春光明媚宜人。她走在花间，不由得便有微醺的醉感，只是对花无酒，不免可惜。昨夜细雨已打落了很多花瓣，树上的花儿稀疏了很多。司春之神东君真是无情呀，花开得那么美，却又那么短暂，转眼间，青春便凋零了。

唐代女诗人鲍君徽也曾作有《惜花吟》："枝上花，花下人，

可怜颜色俱青春。昨日看花花灼灼，今朝看花花欲落。不如尽此花下欢，莫待春风总吹却。莺歌蝶舞韶光长，红炉煮茗松花香。妆成罢吟恣游后，独把芳枝归洞房。"叶小鸾词中也尽是对青春时光和美好事物终将逝去的无奈与惋惜。

　　一杯淡茗聊相赏，莫怪人惆怅。近来多病损红妆，
不耐萧条清昼卧琴床。
　　侍儿漫把胭脂扫，委地还余俏。春风著意半蹉跎，
燕子不知花事已无多。

在这首《虞美人·看花》中，小鸾持着一杯淡茶，坐着静静赏花，惆怅却在心底暗自生出。近日小鸾病弱，红妆消损，自然也无心弹琴，因此屋内萧条，琴床静卧。侍女为小鸾轻描胭脂，淡扫蛾眉。淡妆之后，叶小鸾见镜中的自己，依然俏丽柔美。于是，走出疏香阁去看花。屈指算来，如此美好的春日，已经蹉跎一半了。那在春光中无忧无虑飞来飞去的燕子已经不知道开花的季节就要过去了。

　　这三首词，都是以看花为题，实际上写的都是小鸾爱花惜花的感情。这些花儿，虽然娇艳，却被春寒所摧残。她留恋那些快要消逝的美好事物，因此，对于落花也就特别怜惜。或许，心底里有种同命相怜之情。叶绍袁在编《返生香》时曾在这组词后批注："句句自做摧戕之谶！"

　　她看到莲花亭亭浮于碧波之上，明洁可爱，但莲花花瓣坠落水面，飘飘荡荡，随波逐流，不知道会流到哪里去。小鸾仿佛也看到自己将来的命运，也如莲花花瓣这样任意飘荡，不知所踪。

她多希望自己能像曹植《洛神赋》中的洛神一般，凌波而去，在仙境中自在畅游。她作《莲花瓣》诗：

> 一瓣红妆逐水流，不知香艳向谁收。
> 虽然零落随风去，疑是凌波洛浦游。

曹雪芹《红楼梦》中林黛玉葬花词"未若锦囊收艳骨，一抔净土掩风流""侬今葬花人笑痴，他年葬侬知是谁"等，与此诗异曲同工。叶绍袁在诗后批注："竟若自为写真写怨。"她写这随波逐流而不能掌握自己命运的莲花瓣，实际上也是对自己命运的叹息。婚姻不能自主，婚后又将何去何从。

罗簟香焚，静掩巫云

小鸾本来就敏感多思，灵心蕙质，加上博识广闻，玲珑剔透，因此，她的智慧和通透已经完全超越了年龄，但是对未来她却充满茫然。邓红梅在《女性词史》中论道："因为她是这样一个早熟的少女，所以别人等待着亲历才能感觉到的，她凭借着旁观就已经把它的滋味领悟了。"

晚明时期，王阳明心学成为显学，强调"心即是理"，并倡导人生平等观，女性的社会地位有所提升。但积习已久的男权制度，令女性的社会活动无法完全开禁，女性的处境并没有得到真正改变，社会上依然是男尊女卑。即使是接受过良好教育的大家闺秀，也被限制在闺房之内，无法主宰自己的婚姻与命运。而她们中的少数人却已经清醒过来，因而就更为自己的处境感到悲凉。叶小鸾即是如此。

她也许在闺中思虑过自己的命运。幸运一点能同母亲沈宜修一样，嫁一个才貌相当的男子，但即便如此，母亲却也是受到婆婆质疑，不敢公开写作。母亲和父亲虽然琴瑟和鸣，却是聚少离多，母亲在最好的年龄里，大多数时间独守空房，操持家务，伺候婆母，照顾儿女，安心当一个贤妻良母，却完全忽视自己的感受和需要。她和丈夫、儿女在一起最快乐的日子，也不过是叶绍袁辞官回来的这几年而已。而舅母张倩倩，才貌双全，聪丽能文，但沈自征倚才自负，挥金如土，且常年游历在外，忽视她的感受，以致张倩倩在家独自抱病，最终郁郁而亡。长姐叶纨纨，由父亲做主嫁与好友之子，婚姻极为不幸，甚至生出"绝俗逃虚"出家为尼之念。

母亲、舅母还有长姐，都是极其出色的闺阁才女，婚后生活却都有不同程度的悲凉与凄婉，叶小鸾不由得迷茫了。实际上，在明清时代，女子的悲惨命运是难以改变的。即使是在娘家备受疼爱的小女儿，也不得不听从父母之言嫁人。嫁过去之后，很多女子几乎都被要求成为泯灭自己才气与个性的柔顺女子，而且也不一定能得到丈夫的尊重与爱护。

清代才女陈端生在花样年华曾经写了一部《再生缘》，轰动一时，"惟是此书知者久，浙江一省遍相传"。当时《再生缘》一度与《红楼梦》齐名，被称为"南缘北梦"。在《再生缘》中，孟丽君女扮男装，靠自己的能力站在了几乎是男性权力的顶峰位置。但是，当她的女儿身份被识破之后，她在这个社会上又应当如何立足？连陈端生都不知道如何结尾。后来，她因为母亲去世而搁笔。时隔多年，历经沧桑的陈端生在读者的期待中重拿起笔来续作，却仍然不知道如何给《再生缘》结篇。《再生缘》便成了一部光华灿烂的残篇。

在男尊女卑的社会，女子即使有能力，有才华，也很难得到真正的认可，最终仍然会惆怅失落，无能为力。这是叶小鸾清醒认识到的，因此，她感到深深的悲伤。

叶小鸾内心深处对婚姻有着恐惧。越是天资过人，对精神境界有着很高追求的女子，越害怕自己的"桃花源"受到打扰和玷污。何况，她所见识到的婚姻，即使是拥有珠联璧合的表象，也有那么多的无奈和不堪。如果嫁人离家就标志着青春的终结，那么，婚姻，是不是就意味着青春的坟墓？而与此相对应的是，她内心深处对爱情有着朦胧的憧憬与渴望。

在叶小鸾所处的年代，汤显祖的《牡丹亭》与王实甫的《西厢记》大受欢迎。这些作品肯定了作为一个真正的人所具有的真性情，书中人物大胆追求自由爱情与情欲，对闺阁少女产生了极大影响，使之前深受礼教禁锢的女性心灵得到了前所未有的解放。

《西厢记》全名《崔莺莺待月西厢记》，是元代著名杂剧作家王实甫所作，为"元杂剧的压卷之作"，一上演就艳惊四座，被誉为"西厢记天下夺魁"。《西厢记》提出了"永生无别离，万古常完聚，愿天下有情的都成了眷属"的主张，肯定了男女自由恋情的合理性，对闺阁中的年轻女子有着极大吸引力。《红楼梦》中就有宝黛共读《西厢记》的情节："林黛玉把花具且都放下，接书来瞧，从头看去，越看越爱看，不到一顿饭工夫，将十六出俱已看完，自觉词藻警人，余香满口。"叶小鸾读到《西厢记》之时，感受必也如此。

《牡丹亭》为明代汤显祖所作，于万历二十六年（1598）完稿。书一面世便大受欢迎，"《牡丹亭梦》一出，家传户诵，几令《西厢》减价"，"书初出时，文人学士案头无不置一册"。这些广大读者中也包括许多闺阁女子，"盖闺人必有石榴新样，即无不用一书为夹袋者，剪样之余，即无不愿看《牡丹亭》者"。杜丽娘来到花园之中，"花花草草由人恋，生生死死随人愿，便酸酸楚楚无人怨"的感伤，对青春、自由和美的追求，引起了闺秀们强烈的共鸣。当时有很多《牡丹亭》的书迷轶事流传，甚至有女子因过度痴迷《牡丹亭》厌世而死。

叶小鸾读过《牡丹亭》和《西厢记》，并且渴望和欣赏书中所描写的那种真挚清澈、心心相印的爱情。崔莺莺和杜丽娘的爱情故事使小鸾知道了，原来在舅母、母亲和长姐的婚姻之外，还有着这样可以追求恋爱自由和自主婚姻的爱情，还有着这样强烈而绮艳的激情。但在内心深处她也知道那是小说家言，现实生活中难以当真。因此，她对未来的生活愁绪万千，这些都隐晦地反映到了诗词之中。她希望青春过得慢点，再慢点，在午梦堂内的这种心灵自由的生活能过得久点，再久点。

有一次，叶小鸾得到了两本坊刻的《西厢记》与《牡丹亭》，书前有画像，她看着画像，感慨不已，忍不住提笔，在崔莺莺和杜丽娘的画像边题写了三首绝句《题美人遗照》：

其一

绣带飘风袭暮寒，锁春罗袖意阑珊。

似怜并蒂花枝好，纤手轻拈仔细看。

其二

微点秋波溜浅春，粉香憔悴近天真。

玉容最是难摸处，似喜还愁却是嗔。

其三

花落花开怨去年，幽情一点逗娇烟。

云鬟绾作伤春样，愁黛应怜玉镜前。

写完之后，她仍情不能禁，又依前韵继作三首：

其一

凌波不动怯春寒，觑久还如佩欲珊。

只恐飞归广寒去，却愁不得细相看。

其二

若使能回纸上春，何辞终日唤真真。

真真有意何人省，毕竟来时花鸟嗔。

其三

红深翠浅最芳年，闲倚晴空破绮烟。

何似美人肠断处，海棠和雨晚风前。

第一首"并蒂花枝好"，是对《西厢记》《牡丹亭》中两情相悦的
美满婚姻的向往。第二首描绘少女的天真美丽与淡淡春愁。第三
首表达画中人的心事幽情。第四首则是用洛神凌波和嫦娥奔月的

两个典故。第五首用的是画中真真的典故。唐杜荀鹤《松窗杂录》：
"唐进士赵颜于画工处得一软障，图一妇人，甚丽，颜谓画工曰：
'世无其人也，如可令生，余愿纳为妻。'画工曰：'余神画也，此
亦有名，曰真真，呼其名百日，昼夜不歇，即必应之，应则以百
家彩灰酒灌之，必活。'颜如其言，遂呼之百日……果活。步下
言笑，饮食如常。"杜丽娘因为一幅画像而"纸上回春"，和意中
人最终在一起，便跟画中真真一样，因男子真情而从画下走下来。
第六首又回到少女闺情中来，"红深翠浅最芳年"，叶小鸾处在最
好的年华里，而心里也氤氲着一个渺远的关于自由之爱的梦想。

这六首诗里，小鸾借物抒情，将自身的心绪投射到了崔莺莺
和杜丽娘身上。陈书录指出："貌似怜香惜玉，实则是同病相怜，
同气相求。"他还说："在反对封建礼教、追求个性解放方面，叶氏
家族的女性中，以待字闺中未嫁而卒于十七岁的三女叶小鸾比较
大胆些。"

小鸾幻想着能够像书中人物一样，经历一番刻骨铭心的真挚
爱情。但身处深闺的小鸾又清醒地明白自己绝不可能像书中的女
主角一样有那样轰轰烈烈的恋爱，这让她也感到无比惆怅。

在这六首诗中，小鸾对女性之美进行了细致入微的生动描写，
而她笔下的少女也仿佛是她自身的影子，这是她对崔莺莺、杜丽
娘追求自我价值和真挚爱情的肯定，也是对自己无法寻到真正的
知音而流露出来的顾影自怜与自我欣赏。

叶绍袁在诗后标注："'只恐飞归广寒去，却愁不得细细看'，
何尝题画，自写真耳，一恸欲绝。汤义仍云：'理之所必无，安知
非情之所必有？'稗官家载再生事固不乏也，忽忽痴想，尚有还

魂之事否乎？"

叶小鸾还曾戏作一首《黄莺儿》，曲的小序云："有一女，年甚长而未偶，众共笑之，戏为作此。"这首词虽是姐妹们以情事开玩笑打趣，但也悄悄流露出她对自由人生和幸福爱情的渴求：

> 倚遍玉阑干，数春愁，几日闲，香肌瘦尽肠还断。罗衫渐斑，莺花渐残，红颜老去空长叹。掩重关，玉箫声怨，何日驾双鸾。

小鸾的作品中，诸如《闺怨》《浣溪沙·春闺》《踏莎行·闺情》《浪淘沙·春闺》等，也倾诉了她的闺怨之情。《浪淘沙·春闺》中，还大胆地提到了"巫云"这一意味深长的字眼：

> 薄暮峭寒分，罗簟香焚。粉墙留影弄微曛。一缕茶烟和梦煮，却又黄昏。
> 曲曲画湘文，静掩巫云。花开花落负东君。赚取花开花又落，都是东风。

这里所抒发的，仍然是在春闺中的淡淡惆怅与迷惘，但小鸾在这首词中，隐晦地表达了自己对爱情的渴望。

这首词中的意象都是迷蒙恍惚的，而少女的心境是缠绵轻柔的。"曲曲画湘文,静掩巫云"暗藏少女怀春的小心事。宋玉《高唐赋》序："昔者先王尝游高唐，怠而昼寝。梦见一妇人，曰：'妾巫山之女也,为高唐之客。闻君游高唐,愿荐枕席。'王因幸之。去而辞曰：

'妾在巫山之阳，高丘之阻，旦为朝云，暮为行雨，朝朝暮暮，阳台之下。'旦朝视之，如言，故为之立庙，号曰朝云。"

小鸾作词如此大胆，源于母亲沈宜修对待子女的开明态度。沈宜修曾在一首《踏莎行》前的小序里表明自己的态度："和凝云：'春思翻教阿母疑。'余以破瓜年亦何须疑，直当信耳。作问疑词，戏示琼章。"五代和凝，花间词人之一，其原句是："无事颦眉，春思翻教阿母疑。"沈宜修写的词则是：

> 芳草青归，梨花白润，春风又入昭阳鬓。绣窗日静绮罗闲，金钿二八人如荠。
>
> 碧字题眉，红香写晕，青鸾玉线裙榴衬。若教阿母不须疑，妆台试向飞琼问。

沈宜修毫不掩饰对女儿青春与美貌的欣赏。她认为，正值青春年华的女儿怀有女儿家的心事是非常正常的，无须疑之。沈宜修还专门作词一首，送给小鸾。因此，小鸾和姐妹们吟诗作词并无任何束缚。

叶小鸾羡慕杜丽娘敢于追求自己理想中的爱情，并最后得到了幸福。可是现实却与理想有着巨大的差别。大自然是如此的美好，为何舅母、母亲、姐姐的婚姻生活有那么多无奈？对现实生活的失望让叶小鸾爱好自然，在午梦堂的草木芬芳中体味生命、抚慰心灵，并醉心禅道，期盼在那个彼岸世界里得到解脱。

浪淘沙·秋怀近作　叶小鸾

青女降枝头，已解添愁。暮蝉声咽冷篁筷，试看夜来多少露，草际珠流。　身事一浮鸥，岁月悠悠。问天肯借片云游。袅袅乘风归去也，直上瀛洲。

蕉窗夜记，怀仙之志

叶小鸾风神飘逸，蕙心灵性，奇葩逸丽，淑质艳光。"所谓美人者以花为貌，以鸟为声，以月为神，以柳为态，以玉为骨，以冰雪为肤，以秋水为姿，以诗词为心"，而她也的确具有"世外仙姝"之韵。

她喜欢沉浸在自己的心灵世界中，"唤之出庭，方出，否则，默默与琴书为伴而已"。她悄悄在疏香阁的那一方小天地里构建自己洁净出尘的理想王国，她希望自己的生活能永远像在午梦堂、在疏香阁一样自在温馨，无拘无束。沈自炳谓其"志逸烟峦，以婉娈之年怀高散之韵、紫水芙蓉之咏，半属神仙"。

十二岁刚学作诗时，叶小鸾就曾在一个烂漫的春日，于疏香阁内，作下一首不同寻常的小诗：

芳朝丽淑景，庭草茸清香。
帘栊摇白日，影弄春花光。
妆梳明月髻，杯浮碧华觞。
瑶池谅非邈，愿言青鸟翔。

这是一个早春清晨，阳光透过门窗的帘子照进疏香阁，春花烂漫，随风弄影。少女也被这春光所感染，梳了一个圆圆的明月髻，喝了一杯绿酒，醉心在这美好的春光之中。她仰望青天，心中遐想，那王母的瑶池应该不是特别遥远吧，只要我化成一只青鸟，一定可以飞到那个地方。

叶小鸾的疏香阁外，种着几丛芭蕉，碧绿清新，盈盈可爱。小鸾十分喜爱，视之为友。她也曾把这丛芭蕉多次写入自己的诗词之中，如《唐多令·秋夜》：

灯晕伴残更，萧萧落叶轻。诉穷愁、草际虫声。栏外芭蕉新嫩绿，仍做出，旧秋声。
罗被夜凉清，凄然梦亦惊。透纱窗、月影纵横。几遍鸡声啼又晓，空魇损，两山青。

夜深了，疏香阁里只燃着一盏晕黄的灯，独坐灯下，听到窗外萧萧落叶之声。有鸣虫在草间轻轻吟唱，唤起无限闲愁。栏外芭蕉初生之叶是新鲜的嫩绿之色，但也作萧瑟之声。晚上，被子也透着凄清的凉意，小鸾从梦中惊醒过来。她抱膝望着窗外，月影在纱窗之上印下了一个朦胧的清影。不知过了多久，听到雄鸡报晓，原来天要亮了。

十五岁的时候，叶小鸾又写下了《蕉窗夜记》（辛未戏作）。这篇小文颇带自传色彩，那个隐于一室之内、诗酒趁年华而不理俗世的煮梦子，就是她自己：

> 煮梦子隐于一室之内，惟诗酒是务，了不关世事。于时九月既望，素月澄空，长风入户。叶辞条而自舞，草谢色而知伤。煮梦子携觞挈壶，独酌于庭中。久之，月彩西流，树影东向，觞尽壶干，傲然有怀仙之志，怅然作诗曰："弱水蓬莱远，愁怀难自降。素蛾如有意，偏照读书窗。"又："啸残明月堕，歌罢彩云流。愿向西王母，琼浆借一瓯。"
>
> 既而入室，复剔残灯，披卷久之，隐几假寐，闻窗外籁籁，似有人行。煮梦子从窗际中窥之，见二绿衣女郎，俱风鬟雨鬓，绰约多姿，坐于庭前石卓之上，笑谈而叹风月之美。俄倾，忽各诉衷曲，愁绪横于眉黛，泪痕融于颊颐，所言甚多，不能悉记。大约记其歌意而已。大者当风抗袖而歌曰："对明月兮怀佳人，清露滴兮乱愁盈。湖山徙倚兮空自悲吟，芳心不转兮几度含情。"小者和而歌之曰："垂翠袖兮飘素香，怀佳人兮天一方。仰鸿雁兮思心伤，安得借彼羽翼兮共翱翔。"歌毕，余韵芳香，袭人不断。启窗欲问之，已振袖而隐蕉丛矣。

煮梦子曰："呜呼，岂非蕉之为灵也哉！"

在文中，她在九月澄空的皓月下，举杯独饮，怅然作诗，笑称要向西王母借一瓯琼浆，已有飘然若仙之态。回室之后，她剔灯披卷，尔后合目打盹。朦胧中听见窗外簌簌，她从窗口望见两位绰约多姿的绿衣女郎，对月而歌，歌的内容也是随风而翔、展翅而飞的自由之意。而当她开窗欲问之时，那两名绿衣女郎却已消失在芭蕉丛中了。于是她认为，那绿衣女郎便是芭蕉的精灵。

这篇清新飘逸的小文，结构体制、命意著题都是模仿欧阳修的《秋声赋》，但欧阳修的《秋声赋》是阐发自己的情思议论，而叶小鸾此文却宛然是一个小故事，扑朔迷离又颇有传奇之色，仍隐隐透露出内心深处的"怀仙之志"。

叶小鸾"欲博尽今古"，是一位博学的才女，当时明代的传奇小说也颇为流行，叶小鸾应该是读了很多笔记小说。以她之灵慧聪颖，必相当喜欢这些与正统规矩的经书不同又想象力丰富的文字。明代陆粲《庚巳编》中，也曾写过一个芭蕉化作美女惊鸿一瞥的故事。在这个故事里，芭蕉化作的女子绿衣翠裳，肌质鲜妍，举止轻逸，丽色照人：

冯汉，字天章，为吴学生，居阊门石牌巷一小斋。庭前杂植花木，潇洒可爱。夏月薄晚，浴罢坐斋中榻上，忽观一女子，绿衣翠裳，映窗而立。汉叱问之，女子敛袂拜曰："儿焦氏也。"言毕，忽然入户，熟视之，肌质鲜妍，举止轻逸，真绝色也。汉惊疑其非人，起挽衣将执之，女忙迫，绝衣而去，仅执得一裙角，以置所卧席下，明视之，乃蕉叶耳。

叶绍袁在小鸾这篇《蕉窗夜记》后记云："闺中婉娈，自托名煮梦子，固奇。'煮梦'二字造意尤新，岂'黄粱犹未熟，一梦到华胥'之意欤？种种仙踪，有不可尽述者，述亦人未必信。"

"煮梦"一词不仅仅出现在《蕉窗夜记》中，在《浪淘沙·春闺》中也有"一缕茶烟和梦煮"之句：

> 薄暮峭寒分，罗簟香焚。粉墙留影弄微醺。一缕茶烟和梦煮，却又黄昏。
>
> 曲曲画湘文，静掩巫云。花开花落负东君。赚取花开花又落，都是东风。

庄子有云："浮生若梦，若梦非梦。浮生何如？如梦之梦。"比之笔记小说中的黄粱一梦，"茶烟和梦煮"显然更为轻盈婉约。"一缕茶烟和梦煮，却又黄昏"，人生如梦，梦如人生，而在梦中，人的思想却更为自在。作为生活在明代的大家闺秀，叶小鸾无法迈出闺门去见识这广大天地，婚姻和爱情也完全不由自己做主，唯有梦境，才能超越这平凡的生活。因此，她的诗词中也有不少涉及梦境的。

双成赠芝，飞琼步月

在一个春夜，叶小鸾做了一个关于仙境的美梦，醒来时她念念不忘，作了一组《鹧鸪天》词：

其一

一卷《楞严》一炷香，蒲团为伴世相忘。三山碧水魂非远，半枕清风梦引长。

依曲径，傍回廊，竹篱茅舍尽风光。空怜燕子归来去，何事营巢日日忙。

其二

春雨山中翠色来，萝门敧向夕阳开。朝来携伴寻芝去，到晚提壶沽酒回。

身倚石，手持杯，醉时何惜玉山颓。今朝未识明朝事，不醉空教日月催。

其三

野径春来草放齐，碧云天晓乱莺啼。紫笙吹彻缑山上，清磬敲残鹫岭西。

红馥馥，绿萋萋，桃花杨柳共山蹊。遥看一抹烟云处，带雨春帆近日低。

其四

雨后青山色更佳，飞流瀑布欲侵阶。无边药草谁人识，有意山花待我开。

闲登眺，莫安排，啸吟歌咏自忘怀。飘飘似欲乘风去，去住瑶池白玉台。

其五

西去曾游王母池，琼苏酒泛九霞卮。满天星斗如堪摘，遍体云烟似作衣。

骑白鹿，驾青螭，群仙齐和步虚词。临行更有双成
赠，赠我金茎五色芝。

佛禅的色空观念多以梦为喻，如《金刚经》："一切有为法，如梦、
幻、泡、影，如露亦如电，应作如是观。"《维摩诘经·方便品》：
"是身如梦，为虚妄见。"《大般若经》："如人梦中说梦，所见种种
自性……梦境自性都无所有。"在叶小鸾的梦里，她可以朝寻芝，
晚沽酒，一醉方休；可以采药草，赏山花，飘飘然随风而去；也
可以飞瑶池，饮琼酒，骑白鹿，驾青龙，与群仙交游。而仙人对
她也极友好，临行前王母的侍女董双成还赠送给她一株五色芝草。
在想象中，她已经完全融入了仙境之中，是仙境中的一员了。

与其他游仙诗不同的是，即使在梦游仙境之中，叶小鸾也是
潇洒而独立的。在仙人面前不卑不亢，和他们平等而愉悦地交流，
并不是仰望的艳羡姿态，而是自信、从容，充满个性。而传说中
的仙女董双成对她也是温和友好的，一点也没有高高在上的态度。
这是叶小鸾游仙诗独特的魅力。她写游仙诗，并不完全是为了表
达自己对仙境的向往，而是想在理想化的生活境界中给自己构造
一个心灵家园，在那里，可以不受现实的任何拘束和羁绊。

小鸾长于深闺，很少接触外面的世界，只能凭借诗词发声，
通过游仙诗来表达自己对自由的渴望。在俗世之中，叶小鸾想要
一个自在天地而不可得，于是在所作的诗词中构建，因此便有"烟
霞"之思。

"烟霞"即是山水，而山水则是仙人隐居之地，是仙境所在之处。
远离俗世，隐身山水，是小鸾想象中享受生命自由和喜悦的方式。

除了叶小鸾，母亲沈宜修和姐姐叶纨纨在诗词中也经常流露出"烟霞"之思。傅道彬《中国文学的文化批评》称："这种逃隐园林多半带有精神的象征意味，那是一种精神的回归。……林泉之志成为隐居的代名词，林泉之志寄托着人类的思古幽情，也是诗意的精神栖息地。"

不知这是否也给了后来的曹雪芹以启示。在《红楼梦》中，人间有一个大观园，而天上亦有一个仙境，人间大观园的所有女孩儿在仙境都有封号。她们在人间所有的苦痛悲哀，在仙境就全部消失了。曹雪芹珍惜那些女孩儿的青春和灵气，而在凡间，这些女孩儿最后都受到摧残，因为当时的婚姻制度给女孩儿，无论是贵族小姐还是丫鬟婢女，带来的大多是痛苦。《红楼梦》里，宝玉曾说："女孩儿未出嫁，是颗无价之宝珠，出了嫁，不知怎么就变出许多的不好的毛病来，虽是颗珠子，却没有光彩宝色，是颗死珠了，再老了，更变的不是珠子，竟是鱼眼睛了。分明一个人，怎么变出三样来？"而在仙境之中，女孩儿得以保持住她们最宝贵的青春与灵气，还有尊严与骄傲。

据统计，叶小鸾的诗词中含有佛道思想的有 30 多首，写梦的也有 30 多首，游仙的有 29 首。这五首《鹧鸪天》都是游仙词。在这些诗词中，弥漫着浓郁的仙隐气息，充满"瑶台""瑶琴""瑶池""飞琼"的仙隐意象，实令人难以相信出于天真的闺阁少女之手。

这也就是叶小鸾的向往吧。她曾写过一首《浣溪沙·书怀》，在心底悄悄发问："何时骖鹤到仙家。"

几欲呼天天更赊，自知山水此生遐，谁教生性是烟霞。

屈指数来惊岁月，流光闲去厌繁华，何时骖鹤到仙家。

几乎想要对天长啸，而天却显得更加高远。虽然知道山水之思对于此生来说也是一个渺远的梦想，但是谁让自己生性就喜欢山水呢？屈指一算，只觉时光流逝真是惊心动魄，而随着年龄的增长，自己却越发厌恶俗世之繁华喧闹。什么时候，能够乘着仙鹤随风而去，去到达那神仙居住的地方呢？

叶绍袁在《书怀》后面批注："此亦近日所作。嗟乎，其仙风道骨，岂尘凡可以久留得耶？空自悲酸。"这么一个涉世未深的少女，笔下都是"瑶池""隐芝""飞琼"这样清空别致的词语。

仙人大多居住在深山之中，叶小鸾因此曾作一首《山中思·拟骚体》，颇得《离骚》之神韵：

山气深兮岑寂，危峦复兮苍茫。

上有长松之敧倚，下有古涧之清凉。

俯眺兮平麓，遥瞻兮层谷。水流兮花开，缘崖兮茅屋。

风淅淅兮落红叶之萧萧，草萋萋兮映碧萝之迢迢。

白露兮湿无名之绿草，枯藤兮挂子规之孤巢。

闭石室兮理瑶琴，荫林屋兮密森阴。

渺惆怅兮丛桂，黯思君兮我心。

叶小纨自幼便熟读《离骚》。《离骚》中的香草美人比兴手法，还有浪漫瑰艳的神话传说给她以深刻影响。于是她便想象着自己徜祥于山水之中，以草木为伴，以茅屋为住所，水流花开，自在逍遥，不受约束。

春天里，她看到风吹杨花纷纷扬扬，犹如新雪，不由遐想，在瑶台下，那些琼花在月下飞舞又是怎样惊艳呢？于是作下一首《杨花·近作》：

> 春来却疑雪，点点送春归。
> 岂若瑶台下，琼葩伴月飞。

看着点点杨花，却想起清寒仙境、瑶台雪月，充满迷蒙而凄清的美感。叶绍袁批注："本咏杨花而思及瑶台雪月，高情挺上，仙则仙矣，一清澈骨，冷气逼人，岂是享年之道？伤哉痛哉！"

夜晚，她独自望着那一轮皎皎明月，却想起了仙女许飞琼的传说，不由得悠然神往，写下一首《减字木兰花·秋思》：

> 暮虫凄切，独倚疏帘清夜月。怅望瑶台，不见飞琼步月来。
> 秋光如练，江上芙蓉开欲遍。流水残霞，断送西风入鬓华。

"不见飞琼步月来"里的"飞琼"指的是许飞琼。传说许飞琼是西王母身边的侍女，住在瑶台之上。白居易的《霓裳羽衣舞歌》中就说："烟蛾敛略不胜态，风袖低昂如有情。上元点鬟招萼绿，王母挥袂别飞琼。"并自注道：许飞琼，萼绿华，皆女仙也。

秋天里，西风烈烈，天气萧瑟，金黄的梧桐叶片片飘坠。叶小鸾仰望天空，看到一行大雁在澄空中向南飞去。她真希望这秋雁是一群使者，给西王母送去自己的心愿，使西王母能赠予自己金玉浆，让自己在仙境自在翱翔。她作下了一首《秋雁》：

> 西风天气肃，蔌蔌梧飘黄。
>
> 征人塞上泪，随雁归故乡。
>
> 我无辽阳梦，何事飞苍茫。
>
> 所有一缄书，欲致瑶台傍。
>
> 寄之西王母，赐吾金玉浆。
>
> 一吸生琼羽，与尔共翱翔。

叶绍袁批注："遐思旷想，自当仙去，岂尘世所能久留。"

在《浪淘沙·秋怀近作》中，叶小鸾更是直抒胸臆。虽然开始是言愁，但是到了下阕，意境便开阔起来，希望能乘风归去，直上瀛洲：

> 青女降枝头，已解添愁。暮蝉声咽冷筼筜，试看夜
> 来多少露，草际珠流。
>
> 身事一浮鸥，岁月悠悠。问天肯借片云游。袅袅乘
> 风归去也，直上瀛洲。

词中"问天肯借片云游。袅袅乘风归去也,直上瀛洲"颇得李清照《渔家傲·天接云涛连晓雾》"九万里风鹏正举。风休住,蓬舟吹取三山去"的豪迈之气,别有一种飘逸飞扬的风神。"瀛洲"是海上神山。《史记·封禅书》中有记载："蓬莱、方丈、瀛洲,此三神山者,在

渤海中。"

小鸾之前诗词中弥漫着的"感时""恨别"的主题，并不是辛弃疾笔下"少年不知愁滋味""为赋新诗强说愁"的无病呻吟，而是对生命无常、对人情世故的体验与认知。她经历过与舅父的生离、与舅母的死别，这一切本就让她对未来的命运产生了隐隐的不安。而父亲青年时在外读书，中年时又在外做官，母亲大部分时间也只能独守空房。长姐叶纨纨则遇人不淑，因此愁肠暗结。这些女性亲人都常常通过游仙诗来排遣苦闷，逃避现实的烦恼，她们对叶小鸾都产生了深刻的影响，尤其是母亲沈宜修。沈宜修自言"十六与君婚……惜别亦常情，流波空泪护"。《忆王孙》中，沈宜修希望能逃离现实，常驻梦中，如飞云一般任意逍遥：

> 天涯随梦草青青，柳色遥遮长短亭。枝上黄鹂怨落英。
> 远山横，不尽飞云自在行。

平日里，小鸾和姐妹们除写诗、作画、弹琴外，还参禅礼佛。明代的禅宗思想广为盛行，且对世俗影响较大，叶绍袁的《湖隐外史》专列了《梵衲》《飞锡》《灵章》三章来记述居于汾湖的佛家大师和占卜之士。《吴江县志》本传称："绍袁生有奇慧，博览群书，兼通释氏宗教之旨。著有《金刚经注》《楞严集解》等。"

沈宜修也笃信佛教，叶绍袁为她所作的祭文中，就曾感叹"（沈宜修）竺千梵典，尤极探研"，可见其具有极深的佛学修养。沈宜修不仅自己茹素，也鼓励儿女们怜爱生灵，学会放生。在日常生活中，她们都以关爱每一种生命为准则："家奉杀戒甚严，蛆螺诸类，未尝入口，蠕蠕虽微，必护视之。湖蟹甚美，随因绝蟹不食，他有血气者又更无论。儿女扶床学语，即知以放生为乐。"据记载，沈宜修在习读儒家经典的同时，便开始诵读佛经诸书，"《楞伽》奥旨，《维摩》密义，虽未直印真宗，窃亦渐参悟解"。

在叶绍袁和沈宜修的影响下，午梦堂一门也都热衷习禅。叶小鸾自然也受影响极深。因此，她的诗文书画里，很多都隐隐透着禅机。

叶小鸾曾作偈一首《晓起闻梵声感悟·辛未》：

数声清磬梵音长，惊动寒林九月霜。大士不分人我相，浮生端为利名忙。

悟时心共冰俱冷，迷处安知麝是香。堪叹阎浮多苦恼，何时同得度慈航。

诗中直接引用了佛教的"大士""阎浮""慈航"等词语，认为世人为名为利空自忙碌，无异于自寻烦恼。"迷""相""悟""名""苦"等源于佛教"四谛"中的"苦谛"和"十二因缘"中的"无明""名色"观。《般若波罗蜜多心经》云："色不异空，空不异色，色即是空，空即是色。受想行识，亦复如是。"叶绍袁批注："十六岁女子作此偈，何等识见。胸中无半丝尘罣。"

抚今追昔，千秋灵慧

叶绍袁考中进士后，初为南京武学教授，后官至北京国子监助教。但明末官场黑暗，叶绍袁不肯同流合污，最终辞职归乡。

虽然生活艰难，但叶绍袁和沈宜修都尽力支撑起午梦堂，不让任何生活上的琐事打扰到儿女。因此，在叶小鸾等叶家儿女看来，叶家仍然是一个翰墨馨香的文学之家，他们仍然可以安心读书，尽得风雅。

每次读到儿女的诗文，沈宜修都感到无比安慰。她对叶绍袁说："慎勿忧贫，世间福已享尽，暂将贫字与造化藉手作缺陷耳。"她认为有这样灵慧的儿女，我们已经是享尽世间的清福了。若叶绍袁忧心家境，稍露后悔辞官归隐之意，沈宜修便劝慰丈夫，希望他永远不要再做当官的梦了："贫固不因弃官，即弃官贫，依依萱阶下，与关山游子，不庸胜乎？愿君永不作春明梦，即夫妻相对，有余荣矣。"夫妻相守，阖家欢乐，这就是最大的幸福了。

明崇祯五年（1632）夏天，江南地区遭遇罕见大旱，汾湖干涸，叶家家庵宝生庵前的湖底竟露出层层叠叠数不清的太湖石来。这个消息很快传至四乡八邻，引得许多人前去汾湖里看石。

岸边的老人们说，相传这里百年前是某家庭院，大约这些太湖石是当时园中旧物。叶绍袁觉得这些奇石风雅有趣，于是便花钱雇人把这些太湖石打捞出来，载回家中，并请人把这些太湖石在院子里叠石垒山，筑成各种形状，作为摆设。

叶小鸾和她的兄弟们便以汾湖中打捞上来的太湖石为题，作成《汾湖石记》。叶小鸾的这篇一写完，就得到了父亲的极力赞赏：

　　汾湖石者，盖得之于汾湖也。其时水落而岸高，流潢而崖出。有人曰：湖之湄，有石焉，累累然而多，遂命舟致之。

　　其大小圆缺，衮尺不一。其色则苍然，其形则崟然，皆可爱也。询其居旁之人，亦不知谁之所遗矣。岂其昔为繁华之所，以年代邈远，故湮没而无闻邪？抑开辟以来，石固生于兹水者耶？若其生于兹水，今不过遇而出之也。若其昔为繁华之所，湮没而无闻者，则可悲甚矣。想其人之植此石也，必有花木隐映，池台依倚；歌童与舞女流涟，游客偕骚人啸咏。林壑交美，烟霞有主，不亦游观之乐乎？今皆不知化为何物矣。且并颓垣废井，荒途旧址之迹，一无可存而考之。独兹石之颓乎卧于湖侧，不知其几百年也，而今出之，不亦悲哉！

　　虽然，当夫流波之冲激而奔排，鱼虾之游泳而窟穴，秋风吹芦花之瑟瑟，寒宵唤征雁之嘹嘹。苍烟白露，蒹葭无际。钓艇渔帆，吹横笛而出没；萍钿荇带，杂黛螺而萦覆。则此石之存于天地之间也，其殆与湖之水冷落于无穷已邪？今乃一旦罗之于庭，复使垒之而为山，荫之以茂树，披之以苍苔，杂红英之璀璨，纷素蕊之芬芳。细草春碧，明月秋朗，翠微缭绕于其颠，飞花点缀乎其岩。乃至楹槛之间，登高台而送归云；窗轩之际，昭返景而生清风。回思昔之啸咏流涟游观之乐者，不又复见之于今乎？则是石之沉于水者可悲，今之遇而出之者又可喜也。若使水不落，湖不潢，则至今犹埋于层波之间耳。石固亦有时也哉！

《汾湖石记》构思巧妙，"重情适性"，读来轻快流畅，如山泉水一般明亮清冽。显然，叶小鸾不仅博通经史，文风清丽，而且还见解独到，思想深刻。《玉镜阳秋》云："骈俪之文，涉书便工……《汾湖石记》意颇仿欧，虽小用传奇体，然漾回秀复，不可一读而置，尤是佳文。"明人卫咏称：此记"寻想偏在冷处、幽处。抚今追昔，倍增兴废之感，一石中藏万斛愁矣"。

文章作成，叶绍袁阅后大喜，认为有《滕王阁序》的雅致："何必韩柳大家，初学古文辞，辄能为此，真是千秋灵慧。若使天假之年，当在班、蔡以上。"

叶绍袁自然把女儿的这一得意之作记录下来。《叶天寥自撰年谱》载："夏月大旱，湖水为涸，湖底累累耸矗，俱太湖石，故药栏苔砌间物。湖浒居民云：闻之故老，百年以前，某家园亭在此，疑即是也。水波渐没，不知迈几日月矣。兴致所寄，取载而归，儿女好事，摛辞为记。"其《湖隐外史》对此亦有记述："壬申秋，大旱，湖水涸，去自岸而外数丈，有若卷若立，突兀矗起，则皆太湖栏砌石也。人以告余，余曰：'此必昔人花台药榭之所也。陵迁谷改，不知何年为此沉没。其人其世已不可考，而石犹在耶。屈原旧宅，捣衣之具空存；西子故宫，浣纱之迹已杳矣。'遂舟而致之，大非李太尉平泉庄上与米老袍笏拜者，悉卤莽耳。儿女炫奇，争相记之。琼章时年十七，记能作六朝藻语，刻《返生香》中。"

纸笔书香犹在，而叶小鸾却在写完《汾湖石记》三个月后忽然病逝，兰摧玉折，紫玉成烟。

竹枝词　叶小鸾

溪水悠悠曲岸回，桃花落处菜花开。

清波日日流长在，春色年年去复来。

一门风雅，著作流芳

叶、沈两家之中，最为引人注意的，自然是有"明代李清照"之称的沈宜修。沈宜修，加上叶纨纨、叶小纨、叶小鸾三姐妹，组成了母女诗社。沈宜修堂姐沈大荣曾经评价叶家闺苑："居恒赓和篇章，闺范顿成学圃。"

沈宜修在持家之余创作出大量诗词，与姒娣、侄女、亲戚姊妹吟咏唱和，与女儿们的文学雅会最多。钱谦益在《列朝诗集·闺集》的《沈氏宛君》中道："宛君与三女相与题花赋草，镂月裁云。中庭之咏，不逊谢家；娇女之篇，有逾左氏。于是诸姑伯姊，后先娣姒，靡不屏刀尺而事篇章，弃组纴而工子墨。松陵之上，汾湖之滨，闺房之秀代兴，彤管之诒交作矣。"

叶绍袁说："余内人解诗并教诸女，文采斐睿，皆有可览观焉。"他认为："丈夫有三不朽：立德立功立言，而妇人亦有三焉：德也，才与色也，几昭昭乎鼎千古矣。"叶绍袁将女子的德、才、色，与男人的立德、立功、立言并举，同列为三不朽，树起一种新型的女性理想人格。他还不遗余力地推举兼具才、德、色的妻子、女儿，积极鼓励家庭成员创作，于是，"一时闺门之内，父兄妻子，母女姊妹，莫不握铅椠而怡风月，弃针管而事吟哦"。

叶绍袁认为历代女子并不缺少文才，而是缺少接受教育的机会，心智未得到开发，因而才华无从得到发扬和展现："夫既两尊于天下，然衡才于今，亦犹色焉，寥寥罕所扬说，则又何也？盖贵富者，绮纨珠翠，箫笙歌舞，其于缥缃，弗娴习也。下者，刺绣拈针，流黄织锦，甚逮糟秕涤潴，躬亲御之，其于赙蠚，弗暇识也。"在对儿女的教育上，他认为是没有男女之别的，一视同仁，同等要求。他也收过女弟子，天启三年（1623），女诗人周慧贞就曾拜在他门下学诗。

叶绍袁还感叹道："世间扫眉才子，原自不少，但湮没无传多耳。"因此，叶绍袁竭力保护才女们创作的文学作品。沈宜修母女都有自己的专用诗筒，每逢有诗文便放置其中。沈宜修逝世后，叶绍袁为妻女的才华而感到骄傲，也怀念那些逝去的美好时光，于是便将母女唱和之诗文精心整理编纂，再加上自己和儿子们的作品，合刻为《午梦堂集》。当时有人写诗称赞他们："宦海艰危愿隐沦，菰烟芦雪寄闲身。一门风雅才清绝，著作流芳旷代珍。"叶绍袁不仅整理出本家族闺秀文本，还积极收集其他闺秀的散佚诗文，《叶天寥自撰年谱》《年谱续纂》中就收入了许多闺秀遗篇。

沈宜修也十分看重女性的才华，对女性作品的失传感到很惋惜，因此她有意识地辑录同时代的女性作家作品，希望这些作品能够流传下来。她除了自己勤奋写作之外，还编辑了一本《伊人思》，书中共辑入44位同时代女诗人的诗、词、赋、序数百篇（首）及唐宋间女诗人的轶事十多则。沈宜修在自序中说："世选名媛诗文多矣，大多习于沿古，未广罗今。太史公传管晏云：'其书世多有之，是以不论。论其佚事。'余窃仿斯意，既登琬琰者，弗更采撷。"其他书籍选录的，她不再辑录，而"片玉流闻，并及他书散见，俱为汇集，无敢弃云"。叶绍袁在《伊人思小引》中云："《诗》曰：'蒹葭苍苍，白露为霜。所谓伊人，在水一方。'又曰：'相彼鸟矣，求其友声。矧伊人矣，不求友生。'"后来叶绍袁将《伊人思》也收入《午梦堂集》，流传后世。

叶、沈二人非常注重对子女文学素养的培养。儿女"四五岁，君（沈宜修）即口授《毛诗》《楚辞》《长恨歌》《琵琶行》，教辄成诵，标令韶采，夫妇每以此相慰"，等其略年长之后，即"解诗并教诸女，文采斐睿，皆有可览观焉"。诸子大者与论文，小者读杜少陵诗，琅琅可听。沈自征说："（姊）生平钟情儿女，皆自为训诂，岂第和胆停机，亦且授经课艺。当夫明月登台，则箫史共赋；飞霰集户，则谢女呈篇。"沈宜修也是一个极有生活情趣的人。明月登台之时，她与叶绍袁一同赏月做赋，两人便如同箫史弄玉般的神仙眷属；白雪纷飞之时，她和谢安一样考较儿女功课，孩子们亦如谢道韫一般锦心绣口。

叶绍袁前期多游宦在外，沈宜修不但操持叶家生活，孝养老人，抚养孩子，还独自承担儿女的课业。子女辞采出众，都是沈宜修悉心教导与指点的缘故。在《返生香序》里，沈自炳就高度评价了其姊沈宜修对子女教育所付出的努力："母氏宛君，吾家道韫也。教三女：长昭齐，次蕙绸，皆知诗属文，而琼章尤为挺拔。"

沈宜修亲自教孩子诵读，儿女们又极为聪慧，"教辄成诵，标令韶采"，给她带来了很大的慰藉。她常把子女们称为"闺中友"，而在日常的生活中，她也是以平等的态度和儿女们交流，温柔可亲，细心体贴。

沈宜修也常把教导孩子读书的过程写成诗词。《漫兴》一诗中有"竹影渐看移日影，窗前稚子读《离骚》"之句。而她高雅的生活情趣，也对儿女们的心智成长与性格形成有着深刻影响。

沈宜修素来爱梅，也爱雪，梅花傲骨，冰雪精神，是她人格的投射。她曾作十余首《浣溪沙·咏雪》词，试看其中三首：

细剪瑶华屑作尘，梅花长怨柳花春，梁园词客赋交陈。
淅沥半添修竹韵，纷纭偏作绿苔茵，琼枝玉树一时新。

淅淅随风入画廊，沾来彩袖恨非香，故教撒粉恼何郎。
千片纨丝裁扇冷，一庭柳絮斗盐忙，灞桥可是胜潇湘。

潇洒幽窗彻夜明，飘飘散影积闲庭，谢庄衣上点盈盈。
唤女欲将呵手靧，呼儿捡取作茶烹，松风飒飒满帘生。

这三首词中，新雪出尘，随风入廊，梅花馥郁，琼枝玉树，而词

人见幽窗彻夜明亮，晨起一看，才明白是雪光映射之故。而衣服
上亦是沾上了点点微雪。于是，她便叫儿女们出来，用雪清洗脸
和手，并把雪水收集起来烹茶喝。雪水清醇，饮之只觉清气满帘，
如有飒飒松风拂来。

这对儿女们来说，又是极风雅有趣的回忆了。

几个女儿稍稍长大一点，在教读诗书之余，沈宜修也教她们
学习一点女红，并作下《夏初教女学绣有感》：

> 忆昔十三余，倚床初学绣。
>
> 不解春恼人，惟谱花含蔻。
>
> 十五弄琼箫，柳絮吹粘袖。
>
> 挈伴试秋千，芳草花阴逗。
>
> 十六画娥眉，娥眉春欲瘦。
>
> 春风二十年，脉脉空长昼。
>
> 流光几度新，晓梦还如旧。
>
> 落尽蔷薇花，正是愁时候。

在这首诗中，沈宜修回忆起小时候学习绣花的情景。那时自己才
十三岁，不解春意恼人，只是一心一意学绣。到了十五岁，便在
春风中吹箫，柳絮飘飞，沾满衣袖。和女伴们荡秋千，在芳草花荫
中嬉戏。到了十六岁，便要准备出嫁了，她细细地画着蛾眉，这
时少女初识愁滋味，也感觉到大好春光正在渐渐逝去。如今弹指
二十年，少年往事，仿佛历历在目。而女儿们都渐长大，也要学绣，
"流光几度新，晓梦还如旧。落尽蔷薇花，正是愁时候"，时光飞逝，
韶华不再了。

叶家世代书香，藏书丰厚。当年叶绍袁的父亲叶重第亡后，遗"书一床"，叶绍袁亦为书痴，遇有典籍，常尽力而求。在他任南京国子监时，"同年同郡，及他相识，托余印《十三经》《二十一史》，大都二十余金便可印两部矣。余代人印去甚多，而不能印一本归。官贫无他恨，此可恨耳"。沈宜修曾道："然贫士所有，不过纸笔书香而已。"家中第四子叶世侗亦称："平日，父母常有分与，或祖传书典，或随常器什，诸如纸笔、刀砺之属。"叶家女儿便在这浓郁的书香氛围中成长起来了。

在沈宜修的教导下，叶氏三姐妹特别善于捕捉生活中细小但闪光的片段，将其转换为创作的素材，彼此唱和，彼此欣赏，在诗词中吟咏家庭生活中的赏心乐事，也抒发自己对于大自然、对于午梦堂的热爱。她们在创作中眷恋着午梦堂里的一草一木、一花一石，也珍惜对手足、对好友（侍女）的感情。沈宜修着意引导，家中经常举行诗词雅会，即围绕同一个题材写出精彩绝伦的作品来，尔后相互欣赏、相互品评，满纸都是清词丽句，佳作妙语。

沈宜修曾与三个女儿一起以《四时》为题，同韵分别创作《春》《夏》《秋》《冬》四诗，把自然与情感联系起来，表达情绪。

《四时》中的《春》之诗歌尤其精彩。叶小鸾所作如下：

> 春雨霏微花气浥，江村处处春相及。
> 半庭芳草黛烟浓，一树梨花粉痕湿。
> 数声啼鸟冒游丝，晓来拂拂东风急。
> 东风蝴蝶寻香飞，新莺欲语娇还涩。
> 陌上堤边更可怜，香车宝马纷相集。

高楼帘卷画屏开，落花飞絮随风入。

榆钱满地更堪愁，难买东君又九十。

折花安顿胆瓶中，犹恐春光暗收拾。

沈宜修所作如下：

瑶台芳气丛香浥，晓烟织幌丝何及。

杏花开烂玉人天，晨光尽带胭脂湿。

垂杨搓线挂东风，千缕万缕穿风急。

汉锁隋堤万种情，柔条漾処新莺涩。

游丝更袅清昼长，落花舞蝶纷盈集。

海棠独映画栏前，卷帘忽见泥香入。

天涯芳草绿无边，堪羡韶光盈九十。

但嗟此日正芳菲，何事东君欲收拾。

叶纨纨所作如下：

东君遍把香尘浥，枝头处处春光及。

闲心踏草草遍芳，泪眼看花花尽湿。

深闺帘卷日长时，罗衣乍试春风急。

游丝路上自秋千，独坐怵香屏影涩。

清明寒食断肠天，可怜绣陌游人集。

画桥烟暖涨晴波，武林花泛渔舟入。

黄莺睍睆燕呢喃，揉碎韶华余几十。

一番风雨过栏前，满庭红紫空相拾。

叶小鸾所作的《夏》《秋》《冬》如下：

夏

槐阴满地人初起，呢喃掠水风翻紫。

昼闲只有莺乱啼，香气菁葱浮芳芷。

池中菡萏羡霞妆，帘前茉莉含冰蕊。

蕉叶风清映画廊，画廊曲绕鸳鸯沚。

寂寞枝头落槿花，人静棋声碧窗里。

梦回枕簟玉肌凉，绣床团扇清如水。

朱栏倦倚晚风多，落霞夕霁如明绮。

渐看新月挂枝梢，隔浦采莲歌未已。

秋

银河黯淡流萤度，怨蛩脉脉啼秋露。

砧声何处捣闺衣，夜色凄凄泣寒兔。

萧瑟西风蔓草衰，芙蕖犹落余香妩。

隔窗络纬织更残，银床梧叶摧黄羽。

闲云来往自悠悠，空庭滴沥青藓雨。

雨丝寂寞柳烟消，湿月笼香浮桂树。

桂影重阶不卷帘，伤秋人向凭栏暮。

萧萧枫叶落吴江，湘鸿几处云中素？

冬

黄昏谯鼓传初刻，重重罗幕寒凄恻。

一雁孤飞半夜惊，千林冻色连云织。

笛声吹晓戍楼风，渔舟冷遍芦花国。

栖乌哑哑寒不飞，梅花影瘦西窗侧。

天孙剪冰作瑶花，美人粉染青山色。

晓来妆罢隔帘看，金樽犹恐寒相逼。

白雪金樽酒一卮，玉山欲颓袅无力。

还思此日征人泪，少妇流黄长叹息。

虽然晚明的社会风气相对开放，女性也得到了施展才华的空间，接受教育的机会也更多，但是仍多限于家庭内部，偶尔能走出家门也只限于节日时。作为大家闺秀，沈宜修和叶小鸾姐妹也无法出门去看看广大天地，活动的范围也只限于闺阁之内，波澜不惊，缺乏变化，写作的内容也只能是每天的起居饮食。这使得闺阁诗社的视野、题材和格局都显得比较狭窄："词皆狭窄纤小，属小慧侧艳之风。"

与古代男性文人作品中纵深的历史感、恢宏的宇宙意识以及吞吐山川万象的气魄相比，很多女性作家所关注的往往只是现时现世亲族间的人伦之情以及包括闺房、庭院在内的一方小天地。但是她们的灵心慧质、诗情画意让生活充满了乐趣。花开花落、云卷云舒、月满西楼、画廊梨花等都带给她们由衷的欢喜，然后流动成她们笔下一首首灵气四溢的诗词。这些诗词是她们真情实感的流露，极富生命力和感染力。

天启七年（1627），沈宜修随着丈夫叶绍袁带着婆婆和子女来到南京。恰逢沈家兄弟也来到了南京参加科举考试。沈宜修见到弟弟们，自然是格外喜悦。南京烈日炎炎，沈自炳便送给姐姐一把团扇用来扇风。团扇十分精美，上面还有沈自炳的题诗。沈宜修非常喜欢这把团扇。后来，叶绍袁去北京赴任，沈宜修又和全家人一起回到了吴江。倏忽三年过去，崇祯三年，沈宜修和沈家兄弟再次相聚，想起此事，感念当年兄弟的关心，也惦记起远在京城的丈夫，于是特地作《水龙吟》二首以示纪念。

在序中，沈宜修说："丁卯，余随宦冶城，诸兄弟应秋试，俱得相晤。后仲韶迁北，独赴燕中，余幽居忽忽，恍焉三载，赋此志慨。"

> 西风昨夜吹来，闲愁唤起依然旧。苔钱绣涩，蓉姿粉淡，悴丝摇柳。烟褪余香，露流初引，一番还又。想秦淮故迹，六朝遗恨，江山不堪回首。
>
> 莫问当年秋色，琐窗长自帘垂绣。淹留岁月，消残今古，落花波皱。客梦初回，钟声半曙，雁飞归候。便追寻锦字春绡，多付与，寒筇奏。

这时丈夫在京城，沈宜修幽居独处已经整整三年。一夜西风呼啸，她回忆起年少时无忧的少女时光，回忆起新婚燕尔时的甜蜜温馨。来到南京，看到秦淮旧迹，今昔变迁，自己也已经是不复少女朱颜。而现在，夫妻俩聚少离多，感情中毕竟多了酸楚和离恨，也是今非昔比。岁月悠悠，感慨万千。

三个女儿见母亲感触颇深，也纷纷提起笔来唱和。叶纨纨在小序中写："次母韵早秋感旧，同两妹作。"词云：

其一

> 秋来忆别江头，依稀如昨皆成旧。罗巾滴泪，魂消古渡，折残烟柳。砌冷蛩悲，月寒风啸，几惊秋又。叹

人生世上，无端忽忽，空题往事搔首。

犹记当初曾约，石城淮水山如绣。追游难许，空嗟两地，一番眉皱。枕簟凉生，天涯梦破，肠断时候。愿从今但向花前，莫问流光如奏。

其二

萧萧风雨江天，凄凉一片秋声逗。香消菡萏，绿催蕙草，烟迷远岫。浪卷长空，云轻碧汉，薄罗凉透。恨西风吹起，一腔闲闷，那胜镜中消瘦。

寂寞文园秋色，这情怀，问天知否？檐铃敲铁，琅玕折玉，听残更漏。淡月疏帘，小庭曲槛，且还斟酒。算从来千古堪悲，何用空沾衫袖。

叶小纨的词则题为《水龙吟·秋思和母韵》。词曰：

西风一夜凉生，小庭秋色还依旧。井梧声碎，惊回残梦，鸦啼衰柳。竹粉全消，荷香初散，韶光难又。看阶前细草，凝愁凝怨，无语恹恹低首。

幽径湖山徙倚，雨方收、苔痕如绣。萍芜飘尽，曲池清浅，照人眉皱。野寺疏钟，长江残月，去年时候。谩追思付与，中流听取，夕阳蝉奏。

叶小鸾则在小序中写道："秋思，次母忆旧之作，时父在都门。"词曰：

其一

井梧几树凉飘，满庭景色仍如旧。啼鸦数点，斜阳一缕，挂残疏柳。有恨林花，无情衰草，风吹重又。看轻阴带雨，天涯万里，楼高漫，频搔首。

记泊石城烟渚，落红孤鹜、常如绣。轻舟画舫，布帆兰枻，暮云天皱。水静初澄，蓼红将醉，早秋时候。对庭前、萧索西风，惟有寒蝉高奏。

其二

芭蕉细雨潇潇，雨声断续砧声逗。凭栏极目，平林如画，云低晚岫。初起金风，乍零玉露，薄寒轻透。想江头木叶，纷纷落尽，只余得，青山瘦。

且问沉寥秋气，当年宋玉应知否？半帘香雾，一庭烟月，几声残漏。四壁吟蛩，数行征雁，漫消杯酒。待东篱、绽满黄花，摘取暗香盈袖。

小鸾这两首，通篇都是意象的铺排，芭蕉、细雨、砧声、平林、低云、晚岫、金风、玉露、木叶、青山、香雾、烟月、残漏、吟蛩、征雁、东篱、黄花。用词遣句深得李清照的神韵，尤其最后一句"待东篱、绽满黄花，摘取暗香盈袖"更是直接从李清照《醉花阴》"东篱把酒黄昏后，有暗香盈袖。莫道不销魂，帘卷西风，人比黄花瘦"中化出。

沈宜修思念丈夫，作有不少幽怨小令，如《浣溪沙·和仲韶寄韵》：

春事阑珊可怨嗟，愁看柳絮逐风斜，碧云天际正无涯。

莫问燕台曾落日，休怜吴地有飞花，春风总不属侬家。

虽然她生性温柔体贴，也体谅丈夫，但是眼看春花秋月虚度，心中难免生出愁怨，"春风总不属侬家"。

叶氏三姐妹也纷纷吟咏以寄思念之情。崇祯三年（1630），当时叶绍袁正担当朝阳门城守，忙于政务之余，寄了一首诗归家，叶氏三姐妹都作了和诗，都是宽慰父亲的作品。

叶纨纨和云：

读罢家书反更嗟，可怜归计又应赊。

愁心每幸人皆健，望眼频惊物换华。

泪向来诗长自落，梦随去雁几回斜。

天涯客邸惟珍重，但愿加餐莫忆家。

叶小纨和云：

读罢题封暗起嗟，关山直北路偏赊。

身依魏阙惊烽火，梦绕高堂感鬓华。

蓟苑霜浓新月瘦，吴江枫落夕阳斜。

陈情乞得君恩许，寒驿梅开好到家。

叶小鸾和云：

别离岁久各咨嗟，萧瑟西风道里赊。

乡信几传遥涕泪，归期屡约黯年华。

羌夷笛里寒梅落，阊阖宫前御柳斜。

胡马于今应出塞，暂须宽慰莫思家。

远在京城的叶绍袁收到这些诗，大为安慰。后来小鸾去世后，叶绍袁翻捡出叶小鸾这首诗，在诗后注道："尚欲宽慰父怀，其如一死，使父肝肠寸寸碎也。诗墨犹新，人安往哉？伤哉痛哉！"

沈宜修生性温柔端雅，对下人也是和颜悦色。叶家的侍婢很多是被抛弃的孤儿，沈宜修真心疼惜她们。她有一名婢女名字叫作寻香，年仅十二岁便因病夭亡。沈宜修在她生病时便想方设法为她寻医问药，还亲自为她煎药，在她病逝之后，她又让叶绍袁以礼埋葬寻香，还填词一首表达对寻香的悼念：

巫女腰肢天与慧。浅发盈盈，碧嫩红栏蕙。满地莺声花落碎，春茸剪破难重缀。

蝴蝶寻飞香入袂。不道东风，拍断游丝脆。最是双眸秋水媚，可怜雨溅胭脂退。

词下有题记："小婢寻香，婀娜有致，楚楚如秋棠。可怜年十二而死，怆然哀之，赋此。"那浅发盈盈的少女寻香，犹如一只飞入她衣袖中的美丽蝴蝶那样轻巧而惹人怜爱，然而少女却早逝了，就像蝴蝶被东风拍断了翅膀一样，让她感到无限悲哀和惋惜。正因如此，沈宜修对其他婢女又更加关爱了几分。

她还有一名婢女名叫随春，"年十三四即有玉质，肌凝积雪，韵彷幽华,笑盼之余,风情飞逗"。随春长到十六岁,生得娇憨可爱,很得家人喜欢。沈宜修曾为随春作词二首,描画这少女初长成的俏丽与轻盈:

其一

凌波微步,已入陈王赋。薄命谁怜愁似雾,恼乱灯前无数。

樱桃红雨难禁,梨花白雪空吟。落得春风消瘦,断肠泪滴瑶琴。

其二

杨花无力,拂袖怜春色。长爱娇嗔人不识,水剪双眸欲滴。

春风宝帐多情,襄王空惹云行。恼得东君惆怅,夜寒脉脉愁盈。

一日,杨柳在风中轻轻摇摆,帘前草色青青,随春摘了一枝花儿,在扑打那些围着花儿翩飞的蝴蝶,神情若嗔若喜,很是动人。

叶纨纨、叶小纨、叶小鸾三姐妹在庭院中作词,见随春如此,都是好笑。平日里都是玩闹惯了的,于是三姐妹就决定以随春为主题来作一首《浣溪沙》。

很快,三姐妹都一挥而就,词作好了,便纷纷搁下笔来,相互交换着看。

叶纨纨在序中特别标明"同两妹戏赠母婢随春"。词曰:

杨柳风初缕缕轻,晓妆无力倚云屏,帘前草色最关情。

欲折花枝嗔舞蝶，半回春梦恼啼莺，日长深院理秦筝。

叶纨纨的词，更注重在满园春色的背景下来进行人物动态的刻画，在她笔下，随春显得清新可人。"嗔""恼"更是活脱脱地勾勒出少女随春的动人情态。随春娇俏可人，也能吟诗作词，还会弹筝，和叶小鸾的侍女红于一样，也是一位不俗的少女，在诗词中更具有审美意义。

叶小纨写的词为《浣溪沙·为侍女随春作》：

髻薄金钗半髯轻，伴羞微笑隐湘屏，嫩红染面作多情。
长怨曲栏看斗鸭，惯嗔南陌听啼莺，月明帘下理瑶筝。

叶小纨笔下则描写了随春的服饰和表情。写少女发丝轻软，薄薄的发髻都插不住金钗，金钗都微微下垂；写她躲在屏风之后含羞而笑，忽然间便红了脸，这个细节描写很是生动。在院子里，随春倚着曲栏看着斗鸭，在南园路上听着黄莺儿鸣叫。夜晚来临，月色清明，随春便在帘下轻轻弹奏瑶筝。

叶小鸾在序中也写明"同两姊戏赠母婢随春"，词曰：

欲比飞花态更轻，低回红颊背银屏，半娇斜倚似含情。
嗔带淡霞笼白雪，语偷新燕怯黄莺，不胜力弱懒调筝。

这里叶小鸾也注意到了随春容易脸红的特点，还注意到了随春少女体态的轻盈绰约，"偷""懒"用得十分别致，新颖不凡。单从这些词作都能看出来，三姐妹各有所长，而叶小鸾的词作显得更为灵隽新巧。

三姐妹看着彼此的词作，都是觉得各有各的好，彼此称赏。叶
纨纨见两个妹妹用韵都与自己相同，于是，就又作了一首不同韵的：

前调（前阕与妹同韵，妹以未尽，更作再赠）
翠黛轻描桂叶新，柳腰袅娜袜生尘，风前斜立不胜春。
细语娇声羞觅婿，清眸粉面惯嗔人，无端长自恼芳心。

这首词明显就是纨纨在打趣了，说随春在这大好的春光里是想嫁
人，想讨一个好夫婿了。

随春自然脸红，拉着叶纨纨又是笑，又是闹，少女们乐作一团。

沈宜修见女儿们写得开心，禁不住也提起笔来，给随春作了
两首小词，在序中写："侍女随春，破瓜时善作娇憨之态，诸女咏之，
余亦戏作。"词曰：

其一
袖惹飞烟绿鬓轻，翠裙拖出粉云屏，飘残柳絮未知情。
千唤懒回伴看蝶，半含娇语恰如莺，嗔人无赖恼秦筝。
其二
春满帘栊不耐愁，蔚蓝衫子趁身柔，楚台风月那禁留。
画扇半遮微艳面，薄鬟推掠只低头，觑人偷自溜双眸。

破瓜是指女子十六岁。随春是沈宜修的侍女，平日里沈宜修也并
未把随春看成下人，而是把她当作女儿一般疼爱，因此这首词里，
随春的娇憨之态刻画得更为到位。

芦花如雪，扁舟载酒

江南人文荟萃，兼具形胜之美，叶氏世居汾湖，地处嘉兴、吴江交界，"吴多佳山水，莫不可游观"。袁中道称："天下之质有而趣灵者莫过于山水。"因此，叶家姐妹们除了在一起对席读书、弹琴作画、诗词唱和外，还常常结伴外出游玩，尤其是在清明、端午、元宵这样的节日里。而开明的父母并不约束她们。

她们可以划着小船去采莲花、摘菱角，还可以买到湖中新鲜的鱼蟹。游玩之时，她们自然也不忘取出笔墨，分韵作词，留下了不少描写汾湖美景的清新之作，如水墨挥就的写意画，充满了生活情趣。

叶纨纨曾作《竹枝词》十首，描写的是汾湖春、夏、秋、冬四时景色，试看其中六首：

> 绿树阴阴系钓船，渔蓑常挂夕阳天。
> 门前野色时时好，湖上鲈鱼岁岁鲜。

江边绿树繁茂荫凉，渔人把钓船系在树下，他身上的蓑衣被夕阳瑰丽的光晕所浸润着。真是羡慕这渔人水上的生涯，可以每天看到清幽的山野之色，可以每天吃到湖上新鲜的鲈鱼。

> 秋来菱芋味新鲜，雪白银鱼更可怜。
> 八月良宵堪赏处，一村灯火月当天。

秋天来了，菱角和芋头都是最清脆爽口的时候，而雪白的银鱼则更是令人食指大动。八月夜晚最值得欣赏的风景，莫过于一村庄闪闪烁烁的温暖灯火。皓月当空，投洒着温柔如水的光。

> 霜染枫林叶半疏，碧天寥廓雁来初。
> 家家煮蟹沽村酒，遇得丰年乐有余。

枫林经霜而红，叶子已经落了一半，青天寥廓无边，一行秋雁徐徐飞来。正是吃螃蟹的好时节，家家都在煮螃蟹。在村口打上些酒，准备把螃蟹做成下酒菜。遇到这么一个丰收之年，真是其乐融融。

> 湖月团团湖水清，春来春去几阴晴？
> 不知多少风波起，断送行人白发生。

湖水清澈，湖上一轮团圆月，然而春来春去，又见了多少次阴晴圆缺？不知道这苒苒时光当中，又起了多少风波，让远行之人，白发丛生。

> 平野春深开遍花，花开花落过年华。
> 不知岁月将人老，但见溪流日又斜。

已经春深了，平原野地鲜花盛开，但花开过很快就谢了，这也如同人的年华。岁月催人老呀，眼见得溪水脉脉，而日光又已西斜，一天又过去了。

白蘋烟尽蓼花红，一片秋光似镜中。

牧笛晚来何处发，数声惊落半天鸿。

水中浮萍上的烟雾渐渐散尽，水边蓼花也红了，一片秋光，明净如镜。忽然听到一阵悠扬的牧笛声，不知道是何处发出的。笛声嘹亮，惊落了几只飞鸿。

叶小纨所写的《汾湖竹枝词》为：

露渐浓时霜作威，低田割得早禾归。

新刍白酒芦墟好，小籫分来紫蟹肥。

露水渐浓，霜降渐多，正是白露为霜的时节。田里的早稻都已经割完了。怀抱汾湖的芦墟镇真是个好地方呀，渔人蟹籫里都是满当当的紫蟹。

好景年年三二月，桃花开遍向春风。

绛田红宅传名久，只在沿湖十里中。

一年最好的景致莫过于二三月的早春了，沿湖十里的春风里都是一朵朵明媚新妍的桃花，让人的心都跟着明亮亮的了。

分湖之水碧于天，不数吴江第四泉。

湖畔人家无个事，银鱼起网最新鲜。

汾湖的水真是比天还要青碧，可以称得上是吴江第四泉了。湖畔人家闲来无事，便撒网捕鱼。

叶小鸾也写有《竹枝词》八首：

其一
溪水悠悠曲岸回，桃花落处菜花开。

清波日日流长在，春色年年去复来。

溪水脉脉地沿着曲折的溪岸流动着，桃花纷纷随风而落，而金黄色的油菜花正在盛开。这溪水每日长流不断，而春色也是年年岁岁，逝尽又来。

其二
门外枝枝杨柳青，东风历乱拂烟汀。

无端昨日花如雪，化作江头数点萍。

门外杨柳枝头泛青，东风轻拂着烟雾缭绕的水中小洲。昨天飞花如雪，只看到江面上有片片浮萍。

其三
芳草萋萋绿似烟，平桥流水日潺潺。

风来禾黍吹低浪，雨后荷花色更妍。

芳草萋萋，绿得轻盈，便如同绿色的烟雾一般，平桥下流水潺潺。风吹麦浪，雨荷更显娇嫩。

其四

荻花滩息白鸥机，滩上行人日暮稀。

人去人来人自老，夕阳常逐片帆飞。

荻花瑟瑟，白鸥在滩上起起落落，而太阳西斜，行人也渐渐少了。人去人来，行色匆匆，而人也在这期间老去了。只独自看那夕阳，追逐这点点白帆，灿烂飞扬。

其五

板扉茅屋野人家，绿树荫荫一半遮。

小艇无风来去稳，满湖明月捉鱼虾。

被绿树树荫遮了一半的板扉茅屋，正是乡野人家所在。水面无风，如明镜一般，小舟稳当当地行驶着。夜晚明月高悬，满湖皎洁，于是，就在这清风明月中捕捉鱼虾。

其六

秋入湖边清若空，蘋花摇荡浪花风。

渔人网得霜螯蟹，深闭柴门暮雨中。

湖边已经感觉到清冷空灵的秋意了，江面起风，蘋花摇曳，浪花朵朵。渔人在江上撒网，忙着捉螃蟹。傍晚下起了雨，渔人满载而归，之后便深闭柴门，好好享受属于自己的晚餐了。

其七

芦花如雪稻初收，雁阵来时已暮秋。

烟树参差绕湖际，浪痕来去送行舟。

江边芦花摇曳，如同新雪一般，稻子也收割完了。大雁归来之时，已经是暮秋时分了。湖边树木参差，渔船上浪痕宛然，仿佛是浪花在迎送船只来往。

其八

侬家门外对清溪，日日深林鸟自啼。

春去春来花遍野，月圆月缺水平堤。

渔家门外就是一条清澈小溪，还有一片树林，天天都可以听到鸟儿自在啼叫。春去春来，看得到鲜花遍野、月圆月缺，也欣赏得到堤上风光。

除了竹枝词，叶氏姐妹还有不少描写汾湖的佳作。叶小鸾曾作《舟行》：

舸摇秋水碧如天，两岸蘋花落日边。

只有枫江秋色好，卖鱼沽酒尽渔船。

小船摇摇，秋水宁静，碧青如天。两岸蘋花在夕阳中摇曳。江边枫树已经红透了，风光正好。渔船在江边云集，正在卖鱼买酒。

轻云淡淡水悠悠，野鹭沙鸥浴蓼洲。

　　　　杨柳烟斜临古渡，小桥深处一渔舟。

轻云淡淡，流水悠悠。蓼花开满的小洲上，野鹭沙鸥起起落落。古渡口边，杨柳如烟雾一般迷蒙着，小桥深处，藏着一叶渔舟。

　　　　芊芊芳草绿平川，远树微茫插远天。
　　　　春水一江帆影乱，野花迎棹向人怜。

芳草柔嫩而茂盛，整个原野绿意盈盈。远方的树则显得微茫，似乎是插在远天之上。春江水上倒映着点点帆影，用船桨划到岸边，那桨旁的野花灿然好看，令人心中喜爱不已。

　　　　黄鸟啼时春已阑，扁舟载酒惜花残。
　　　　远山如黛波如镜，宜入潇湘画里看。

黄莺儿在啼叫的时候，春天就已经接近尾声了。乘一叶扁舟在江中泛游，花瓣儿随风飘落到身边，不禁对花生出怜意。放眼望去，远远的山峦如同少女的一抹黛眉，而水波不兴如同明镜，更像是一幅潇湘的水墨画儿。

　　这里用"潇湘"二字是意味深长的。叶小鸾是江南才女，从来没有去过楚地，却在词中频繁运用楚地意象，据统计多达29处。"潇湘"二字有其独特的文化背景，主要是湘妃含怨、屈子投江等历史传说和典故，弥漫着凄美清凉而又飘忽瑰艳的意境。不仅是叶小鸾，沈宜修也曾以此入词，沈宜修《江城子·重阳感怀》下阕词云"韶华荏冉梦凄凉。望潇湘，正茫茫"，也是用"潇湘"二字点染出凄艳之感。《红楼梦》中曹雪芹给林黛玉取号"潇湘妃子",也是大有深意。

叶小纨则是写有一组《采莲曲》,其中描写采莲女,一派天真烂漫,用笔清灵闲雅。

其一

生长江头惯采莲,兰桡肥东水云边。

红颜灼灼花羞艳,更借波光整翠钿。

其二

棹入波心花叶分,花光叶影媚晴曛。

无端捉得鸳鸯鸟,弄水船头湿尽裙。

"无端捉得鸳鸯鸟,弄水船头湿尽裙"是化用唐代皇甫松《采莲子》中的"晚来弄水船头湿,更脱红裙裹鸭儿"。

叶小鸾也有一首《点绛唇·咏采莲女》:

粉面新妆,淡红衫子轻罗扇。昨宵邻伴,来约莲塘玩。

棹泛扁舟,影共莲花乱。深深见,绿杨风晚,空载

闲愁返。

在小鸾的这首词里,采莲女只顾荡舟赏花,被美景迷花了眼,忘记了采莲,只能载着淡淡闲愁回家。不同于二姐沉浸于采莲之乐、采莲女之美的欢喜愉悦,叶小鸾的词作中总是笼罩着一种淡淡的哀愁与悲凉之感。

别蕙绸姊　叶小鸾

岁月惊从愁里过，梦魂不向别中分。

当时最是无情物，疏柳斜阳若送君。

第八章
姐妹诗人：
清含瑶蕊飘香雨

汾湖诸叶，叶叶争辉

　　沈宜修堂姐沈大荣在《叶夫人遗集序》中写叶家姐妹："其女甥四人，惟季褵褵，孟曰昭齐，仲曰蕙绸，叔曰琼章，皆美慧英才，幽闲贞淑。"叶小鸾是叶氏三姐妹中最小的也是最为聪慧的一位，诗文清丽婉绝，语多奇思。有人赞道："汾湖诸叶，叶叶争辉，连枝竞艳，幼最娥眉。"在叶氏子女中，前人对叶小鸾的评价也是最高的。

　　陈维崧《妇人集》评叶氏三女才调，认为"琼章尤英彻，如玉山之映人，诗词绝有思致"。陈廷焯《白雨斋词话》卷三云："叶小鸾词笔哀艳，不减朱淑真。求诸明代作者，尤不易觏也。"他又说："闺秀工为词者，前有李易安，后则徐湘蘋。明末叶小鸾较胜于朱淑真，可为李、徐之亚。"陈廷焯在《云韶集》又评："琼章词之致，尤出姊昭齐之右。"

有一天早上，叶小鸾在疏香阁内醒来，见窗外已有熹微晨光，她起身撩开窗帘，只见远处有淡淡烟雾萦绕，青山一发，连着芳草萋萋的小洲。碧草上的清澈露水一滴滴坠落下来，仿佛被碧草染绿了。

这样一个美好的春日，少女心中不免溢满了欢喜，于是就对镜梳妆。风吹帘动，有花草清香细细自帘外吹来，令人心旷神怡。这时日头已经高了一些，窗外绿柳红花，莺啼蝶舞，一派明媚。于是，小鸾便乘兴又作《晓起》一诗，题于疏香阁上：

> 曙光催薄梦，淡烟入高楼。
>
> 远山望如雾，茫茫接芳洲。
>
> 清露滴碧草，色与绿水流。
>
> 窥妆帘帷卷，清香逼衣浮。
>
> 听莺啼柳怨，看蝶舞花愁。
>
> 兹日春方晓，春风正未休。

小鸾作了这首诗之后，自己心里也觉得意。于是就去找两位姐姐，邀请她们作诗。叶纨纨和叶小纨见妹妹如此有兴致，被她所感染，也高兴起来，便各作一诗题之。

叶纨纨的诗题为《题琼章妹疏香阁》。这首诗里，充满着叶纨纨对妹妹的欣赏，盛赞她"佳人真绝代"。整首诗像是为叶小鸾精心画就的一幅水墨画，勾勒出一位在霞光曙色中、春风花香里闪烁光芒的倾城美人：

> 朝霞动帘影，纱窗曙色长。
>
> 起来初卷幕，花气入衣香。
>
> 中有倾城姿，春风共回翔。
>
> 玉质倚屏暖，瑶华映貌芳。
>
> 佳人真绝代，迟日照新妆。
>
> 还疑琼姓许，独坐学吹簧。

叶小纨的题诗很可惜没有流传下来。

三姐妹交换彼此的诗稿，都觉得清芬满纸，彼此称赏不绝。母亲沈宜修看到三个冰雪聪明的女儿题诗之后，更是赞赏，分别次其韵作三首诗和之。

《题疏香阁 次长女昭齐韵》：

> 旭日初升棍，瞳昽映绮房。
>
> 梨花犹梦雨，宿蝶半迷香。
>
> 轻阴笼霞彩，繁英低飘翔。
>
> 待将红袖色，帘影一时芳。
>
> 海棠还折取，拂镜试新妆。
>
> 新妆方徐理，窗外弄莺簧。

《题疏香阁 次仲女蕙绸韵》：

> 远碧绕庭色，参差映日明。
>
> 竹间翠烟发，竹外双鸠鸣。
>
> 径曲繁枝袅，嫣红入望盈。
>
> 博山微一缕，烟浮画罗生。
>
> 芳树清风起，飘飘落霰轻。

《题疏香阁 次季女琼章韵》

> 几点催花雨，疏疏入画楼。
>
> 推帘望远墅，烂锦盈汀洲。
>
> 昨夜碧桃树，凝云缀不流。
>
> 朝来庭草色，挹取暗香浮。
>
> 飞琼方十五，吹笙未解愁。
>
> 次第芳菲节，琬琰知未休。

母女四人的诗歌如同明珠美玉，各自生辉，而其中所洋溢的融融亲情，更是令人觉得温馨。

叶小鸾与兄弟姐妹之间的感情极好，尤其三姐妹更是亲密无间。沈宜修的《季女琼章传》中也有"然于姊妹中,略无恃爱之色。或有所与，必与两姊共之"之语。叶小鸾虽然备受父母宠爱，但从不恃宠而骄，姐妹之间感情融洽。

叶小纨中年以后，曾回忆道："深闺从小不知愁，半世消磨可自由。"应是她与叶纨纨、叶小鸾待字闺阁的写实。正是这种悠然自得而又和睦温馨的闺阁生活，使得叶氏三姐妹得以全身心地投入诗文创作之中。

叶绍袁《天寥年谱别记》有云："午梦堂西偏有小楼，窗棂四达，梅花环绕，余名曰'疏香阁'。其南相对有轩曰'芳雪'，庭无杂树，梅花之外只梧桐、芭蕉数本，右翼以廊，以通往来，昭齐、琼章分居之。"叶小鸾疏香阁的对面就是芳雪轩，是叶纨纨的居处。叶纨纨虽然出嫁，但父母爱惜女儿，她房里的东西一样也没动，仍然保持着她出嫁前的原样。姐姐回来，姐妹三人彻夜长谈，彼此唱和，仍然亲热得很。

香飘庭榭，寂对东风

叶小鸾的大姐叶纨纨，字昭齐，1610 年 6 月生。叶纨纨出生时，已是父母结婚五年之后。纨纨的到来，让他们惊喜万分，"宝于夜光"。

初生的纨纨"其相端妍，金辉玉润"，生得眉清目秀，肤如凝脂，"如奇萼之吐华"。父母视其为掌上明珠："初生之女，爱逾于男。"祖母冯老夫人给她取名纨纨。纨是绢中上品，吴江又以丝织品闻名天下，"纨纨"二字，又含有洁净雅致之意。叶绍袁给长女取字"昭齐"，意思是昭明才德，见贤思齐，可见父母之殷切期望。

纨纨天资过人，相貌端丽，博闻强记，风度幽闲肃穆，小小年纪便表现出过人的才气。她三岁时便能背诵白居易的《长恨歌》，见者无不惊叹，以为有奇慧。而纨纨幼时，沈宜修就专门请人来教授纨纨琴棋书画，还请来了家族里擅长弹琴的族姑来教纨纨学琴。后来纨纨果然弹得一手好琴。

但纨纨最擅长的还是书法，书体遒劲，有晋人风致，尤精小楷。叶绍袁称她书法"小楷精端，璀灿可爱"。

纨纨十三岁已能作诗填词。《玉镜阳秋》称她的"七绝及诗余诸调，殊有清丽之词"。十四岁学诗时，写下作品《闺情》："薄罗初试柳初黄，寂寂深闺春画长。陌头风暖清明近，睡起无言倚绣床。"也是一派少女的天然娇憨，清丽可爱。纨纨曾作《三字令·咏香扑》，虽是游戏之作，亦是玲珑璇玑巧心思：

> 疑是镜，又如蟾，最婵娟。红袖里，绿窗前。殢人怜，羞锦带，妒花钿。
> 兰浴罢，衬春纤，扑还拈。添粉艳，玉肌妍。麝氤氲，香馥郁，透湘缣。

从十三岁开始，纨纨写作了大量的诗词，这些作品，大多为纨纨自己丢弃，留存的不过十分之一，今存诗词约一百多首，即诗集《芳雪轩遗集》，一作《愁言》，诗九十五首，词四十七首。

写诗、作画、抚琴、下棋……纨纨过的是名门闺秀的诗意生活，她成了琴棋书画样样皆通的灵气才女。和叶小鸾一样，作为一个正值青春的少女，叶纨纨最喜欢的，还是大自然的风花雪月，一草一木。午梦堂中，沈宜修种植了大量花木，比如菊花、海棠、茉莉等，弥漫清芬，这些花木都成了叶氏姐妹们的吟咏对象。纨纨自然也不例外。

与叶小鸾最爱梅花不同，纨纨最为喜爱的是梨花。纨纨的书房，同时也是她的闺房，名字叫作"芳雪轩"，位于叶家院子的南端。这个名字为叶绍袁所命，出自南朝诗人王融的《咏池上梨花》诗：

> 翻阶没细草，集水间疏萍。
> 芳春照流雪，深夕映繁星。

而居室外也种有数株梨树，为叶绍袁父亲叶重第所种，盛开时便如新雪一般，芳香馥郁。

叶纨纨的两首七律《梨花》诗序有云："家有旧室，敝甚，余稍修茸之，求一斋名于老父。父曰：'汝庭外梨花数树，今如此老干苍枝，皆汝太翁手植也。我昔与汝翁嚼花醉月其下，今杳不可得矣。王融《梨花》诗有"芳春照流雪"之句，可名"芳雪轩"。'余因漫作二首呈父。"这便是叶纨纨写的梨花诗：

> 燕语莺啼寒食天，红妆不学露桃鲜。
> 清含瑶蕊飘香雨，浅放琼丝拂素烟。
> 晓月葳蕤侵冷艳，夕阳缥缈弄轻妍。
> 芳魂若应能怜我，寂对东风共怆然。

纨纨笔下，梨花清高冷艳，高雅脱俗，仿佛就是她自己的化身。纨纨因喜爱梨花，还写了四首七言律诗，其中有句"窗前长锁三春月，林下相寻一径风。梦对池塘春草碧，香飘庭榭暮烟空"。在父母膝下，纨纨备受宠爱，只安心"倚风含笑索新诗"就好。她作的诗词，都是轻快活泼、春光盈盈的。

作为家中的长女，叶纨纨自小乖巧懂事，帮助父母照顾幼小的弟妹，还能帮着母亲教弟妹读诗文，经常指导他们的学习与生活。可以称得上"半世手足，两年师友"。长弟叶世佺，少时贪玩，又多得祖母宠溺。六岁时有一天不能读完父母教授的书，被父母关在一个小屋中，不许饮食，要他闭门思过。纨纨心疼弟弟，偷偷来到小屋外面，给弟弟塞一些食物，嘱咐弟弟要听父母的话，劝导他："汝何不成人若此！奈何不服父母训，且父母于汝实甚爱之，挞汝管汝所以冀汝进益也。汝可不知耶？今勿复再犯，我力劝父母出之。"而当时叶纨纨不过十岁而已，就能如此体谅父母，爱护幼弟。

受母亲影响，纨纨也是一个温和秀雅的少女，对婢女、仆人都是宽厚仁慈。因为担心母亲过于操劳，叶纨纨常主动替母亲分担一点力所能及的家务。叶家上下，对纨纨也是极为喜爱。

归梦落霞，湖光荡漾

叶小鸾的二姐叶小纨，字蕙绸，生于1613年。"蕙绸"二字出自《离骚》，意思是用兰花的叶子编成的旗子。叶小纨也是自幼聪颖过人，四岁能背诵蔡琰的《悲愤诗》和白居易的《琵琶行》，十岁就能吟诗、作对、填词曲。

有一次沈宜修让她以词、曲牌名作对，小纨一口气说了"一斛珠；满江红""点绛唇；剔银灯""天仙子；虞美人""金缕曲；

桂枝馨"等七八副对子。如此才思敏捷，父亲大为高兴，在一旁笑道："吾儿当为易安（李清照）矣！"

小纨的诗，大体都是清丽隽永，愁思虽然也蕴藏其中，但比大姐和小妹显然淡然温和了很多，如写采莲女的一首诗，令人感觉叶小纨就身在其中，天真活泼：

> 女伴今朝梳裹新，迎凉相约趁清晨。
> 争寻并蒂争先采，只见花丛不见人。

黄昏中，小纨素手卷帘，看到轻绡般的云朵轻轻托住一弯新月，像是少女淡淡描上的一抹蛾眉，她写下了一首《浣溪沙·新月》：

> 纤影黄昏到小楼，弱云扶住柳梢头，卷帘依约见银钩。
> 妆镜试开微露匣，蛾眉学画半含愁。清光自有映波流。

一夜西风后，小院秋色萧瑟，梧桐叶在风中簌簌作响，小纨醒来，又听见乌鸦在柳树上啼叫着。她披衣而起，见到秋景，触动心事，写下一首《水龙吟·秋思和母韵》：

> 西风一夜凉生，小庭秋色还依旧。井梧声碎，惊回残梦，鸦啼衰柳。竹粉全消，荷香初散，韶光难又。看阶前细草，凝愁凝怨，无语恹恹低首。
>
> 幽径湖山徙倚，雨方收、苔痕如绣。萍芜飘尽，曲池清浅，照人眉皱。野寺疏钟，长江残月，去年时候。谩追思付与，中流听取，夕阳蝉奏。

这首词颇有沧桑的厚重之感，不同于一般的闺秀诗词。

春日，小纨和姐妹们去汾湖玩耍，彩霞满天时才回来，回想起熏风吹面，湖光荡漾，冷月庭花种种美好景象，就作了一首《菩萨蛮》，诗中满是娇憨无忧的少女气息：

> 灯前半载消魂酒，明朝又欲重回首。月冷黛痕低，庭花向晚迷。
>
> 熏风初入面，带得残春倦。归梦落霞边，湖光荡漾天。

小纨的成长相对平顺，婚姻也相对幸福。万历四十三年（1615），叶绍袁得知好友沈自铉英年早逝，唏嘘哀叹不已，因此将次女小纨许嫁沈自铉子永祯，"素车白马，无忘故日之情；清酒乌羊，感惜异时之陋"。十八岁时，小纨出嫁，与沈永祯结为夫妻。

沈家经济条件尚可，沈永祯也已经是一名秀才，性格温和，夫妻二人情投意合，兴趣一致，感情很好。小纨过着平静幸福的生活。后来永祯早逝，叶小纨34岁寡居，诗作极多，但流传下来的很少，晚年汰存二十分之一，编为《存馀草》。

沈家是曲学大家，从沈永桢的祖父沈璟开始，沈家以曲学闻名，荣登万历年间的"词坛盟主"，并形成了声势浩大的戏曲学派——"吴江派"，与汤显祖的"临川派"齐名。之后沈氏家族有沈自晋、沈自征、沈自南、沈永乔、沈永令、沈永隆等二十多人从事戏曲、散曲创作。叶小纨婚后受到沈家文化的熏染，经常阅读戏剧作品并观看戏曲表演。耳濡目染，小纨很快对戏曲文化也产生了兴趣，渐渐精于曲律。

小纨生了一女，取名沈树荣，字树嘉，亦工诗词。女儿长大后嫁与叶世侗之子叶舒颖为妻。沈树荣受家庭熏陶，著有《月波词》《希谢稿》，其文清新淡雅，语词隽秀，深受母亲叶小纨的影响。

叶小纨最重要的作品，倒不是在诗词上，而是在戏剧上。在中国戏曲史上，"若夫词曲一派，最盛于金元，未闻有擅能闺秀者"。叶小纨的《鸳鸯梦》是第一部完整保存下来的女性创作的杂剧，创作心态和创作方式都展现着女性特有的情致和感悟。《鸳鸯梦》正名为《三仙子吟赏凤凰台，吕真人点破鸳鸯梦》。叶小纨在剧中借才子惠百芳之口发出晚明众多闺秀才女的心声："想我辈负此才具，不得一显当世，那多少蛙鸣雀噪的，畅好是冷人齿颊也。"闺秀们即使身负凌云之才，也无法一展抱负，无法拥有实现人生价值的平台，只能在高门大户里默默埋没自己的才华。

沈自征评价她"即国朝杨升庵，亦多诸剧，然其夫人第有《黄莺》数阕，未见染指北词。绸甥独出俊才，补从来闺秀所未有，其意欲于无佛处称尊耳。吾家词隐先生为词坛宗匠，其北词亦未多概见……今绸甥作，其俊语韵脚，不让酸斋、梦符诸君，即其下里，尚犹是周宪王金梁桥下之声，实可与语此道者，将以阴阳务头，从来词家所昧，行与商之。"

崇祯年间，叶小纨的《鸳鸯梦》和她的诗集《存馀草》均被收入《午梦堂集》。《鸳鸯梦》文字清雅，词曲优美，但笔力柔婉，一望而知是闺中笔墨。吴梅在《中国戏曲概论》中对该剧也有中肯的评论："叶小纨《鸳鸯梦》，寄情棣萼，词亦楚楚。惟笔力孱弱，一望而知为女子翰墨。第颇工雅。"

萧条暝色，独听哀鸿

两位姐姐对叶小鸾疼爱有加，在文学上又相互欣赏，是最好的玩伴和知己。于是，当大姐叶纨纨和二姐叶小纨相继出嫁之后，叶小鸾不免感到寂寞空虚。她想念姐姐们，想念当初一起对月赏花、弹琴吟诗的岁月。于是，叶小鸾写下了许多怀念昔日团聚的美好时光的诗词，例如《七夕后夜坐红于促睡漫成》"侍儿未解悲秋意，明月高悬怯素罗"，《浣溪沙·春夜》"近来闲杀惜花心，无聊独自步庭阴"，《生查子·送春》"柳絮入帘栊，似问人愁寂"，等等。

她在与大姐的通信中感受到了大姐的抑郁和哀愁，便在信中诉说思念之情，随信又附了一首诗《寄昭齐姊》：

> 月白风清愁万重，梦中不识别情浓。
> 欲知无限伤心意，尽在殷勤缄一封。

大姐要回娘家，却因大风阻挡不能乘船而归。姐妹俩虽相去不远却觉如千里之遥，小鸾不由得忧愁失望，但仍然期待再次会面的机会，她写下一首《昭齐姐约归阻风不至》：

> 寒炉拨尽烬微红，漠漠江云敞碧空。
> 离别遂如千里月，归期遍怅一帆风。
> 愁边花发三春日，梦里年惊两鬓中。
> 雨雪满窗消未得，定应握手几时同。

夜晚，小鸾独自一人睡在疏香阁，看到窗外夜色萧萧，听到轻风吹过竹梢的簌簌之声，不由得又想起两位姐姐来，尤其是二姐叶小纨。在这样的夜晚，她曾经和二姐窗下对弈，姐妹俩自在欢乐。她写下了一首《秋夜不寐忆蕙绸姊》：

夜色正萧萧，轻风响竹梢。

槛桐催叶落，岸柳泣丝飘。

砌冷虫喧息，灯残火烬消。

弹棋曾叙别，风雨又连宵。

小纨回娘家小住后离开，小鸾恋恋不舍，写了两首《别蕙绸姊》：

其一

岁月惊从愁里过，梦魂不向别中分。

当时最是无情物，疏柳斜阳若送君。

其二

枝头余叶坠声干，天外凄凄雁字寒。

感别却怜双鬓影，竹窗风雨一灯看。

她又写过两首《送蕙绸姊》，即是描写送别时的种种场景以及心情：

其一

丝丝杨柳拂烟轻，总为愁人送别情。

惟有流波似离恨，共将明月伴君行。

其二

绿酒盈樽未及衔，那堪津树引征帆。

情知此别留难住，相对无言湿杏衫。

在出嫁之前，小鸾病了，这个时候，她满腹心事无从诉说，更加想念两位姐姐。秋风瑟瑟，黄昏萧萧，叶小鸾独自在疏香阁中坐着，思念着两位姐姐，怀念着昔日姐妹三人一起吟诗作对的快乐时光。她铺开宣纸，饱蘸浓墨，写下了一首《秋暮独坐有感忆两姊》：

萧条暝色起寒烟，独听哀鸿倍怆然。

木叶尽从风里落，云山都向雨中连。

自怜华发盈双鬓，无奈浮生促百年。

何日与君寻大道，草堂相对共谈玄。

她独自听木叶风坠、秋雨连山，不由得自怜自叹。虽然她现在仍是青春年华，满头乌发，但是人生百年匆匆，转瞬即逝。什么时候才能实现姐妹们的梦想，归隐山林，相对谈玄？小鸾对自己的病情有所感，于是支撑着写下了这首诗。全诗却是寂寥萧瑟，沧桑不已。她正是绮年玉貌，却自言"自怜华发盈双鬓"，感叹"无奈浮生促百年"，可以想象她对姐姐的思念之深，对自己命运之担忧。

叶绍袁在这首诗后面批注："宴尔已近，有'无奈浮生'之语，明明不可留矣。此诗与《九日》作，俱绝笔也。"

谒金门·秋晚忆两姊 叶小鸾

情脉脉，帘卷西风争入。漫倚危楼窥远色，晚山留落日。 芳树重重凝碧，影浸澄波欲湿。人向暮烟深处忆，绣裙愁独立。

第九章

兰摧玉折：

啼鹃已送千山隔

愁心难问，阶前凄咽

叶纨纨在不满周岁时，就由父母做主许配给了袁俨的第三个儿子袁崧。

袁家与叶家是几代世交。叶重第与袁黄同为万历十四年（1586）进士，交情颇深。叶重第之子叶绍袁从小就寄养在袁家，叶绍袁与袁黄之子袁俨从小是同学，后于天启五年（1625）一同考取进士。正因为两家是世交，两人又情同手足，所以袁俨上门议亲之时，叶绍袁就答应了。

叶纨纨十六岁时，叶绍袁考中了进士。也是在这一年，叶绍袁好友袁俨致书叶绍袁，他即将赶到广东赴任，希望能尽快为自己十九岁的儿子完婚。本来就是早定好的婚姻，而纨纨也到了适婚年龄，叶绍袁也就答允了。

于是，就在这一年的十月，纨纨嫁到袁家。出嫁当日，叶家上下喜气洋洋。祖母冯老夫人看着自己疼爱的长孙女出嫁，高兴得合不拢嘴。叶绍袁对叶纨纨的未来怀着美好的憧憬，他认为，叶家和袁家是世交，而袁黄和自己又是亲如兄弟的好友，叶纨纨嫁过去，一定不会受到半点委屈。

沈宜修则是满怀慈爱地给女儿检视着嫁妆，认为女儿的婚姻会像自己和丈夫一样琴瑟和鸣。弟弟妹妹们簇拥在姐姐身边，又是兴奋又是不舍。寄养在舅舅家的三妹叶小鸾也赶了回来，一家人欢聚一堂。

而身穿大红嫁衣的叶纨纨心中却是深感迷茫，要离开生活了十六年的午梦堂，去一个完全陌生的环境中，她心中难舍难分，对未来也充满担忧。她把这种情感写在了给母亲的一首临别赠词《菩萨蛮·和老母赠别》中：

> 樽前香焰消红烛，可怜今夜伤心曲。衫袖泪痕红，离歌凄晚风。
>
> 匆匆苦岁月，相聚还相别。肠断月明时，后期难自知。

出嫁以后，纨纨才发现，她与丈夫在才学、性格等方面都有很大差异。丈夫虽然出生于书香世家，却是一个不懂生活情趣、自私自利的小人。因此，纨纨与丈夫虽有夫妻的名分，却无夫妻之实，结婚七年，也一直没有孩子。叶纨纨曾自云："至于琴瑟七年，实未尝伉俪也。"这种婚姻对纨纨来说，实在是有着极大的痛苦。但痛苦无处诉说，只能埋在心里。因此，在婚后，纨纨所作的诗文词作，大多都是抒发忧郁愁怀的。纨纨特别怀念闺中无忧无虑的少女生活，只要有机会，她便会回娘家居住，有时也邀妹妹叶小鸾到自己家中小住。姐妹的温情抚慰了她心中的愁苦。因而，在送妹妹归家时，两姐妹更是难分难舍。只有在回娘家和姐妹欢聚之时，才会有一展笑颜的轻松之作。

纨纨成婚后不久，公公袁俨就接夫人以及儿子儿媳去岭南。于是，纨纨就跟随丈夫一家人一同前去。临行前，纨纨回乡与父母话别，叶绍袁赠诗给女儿："莫望故乡轻下泪，天涯回首最伤心。"沈宜修也写诗送别女儿："清光难逐天边月，欲问平安托素笺。"纨纨满腹忧伤，却不敢表现出来，以免让父母担忧。

一路行来，自然颠簸。但万万没有想到的是，丈夫忍受不了遥遥路途，借口思乡，到了浙江青溪便向父母提出要重返故乡。叶纨纨不得不随丈夫又回到吴江。

仅仅因为路途遥远，丈夫便做了逃兵，没有任何交代，毫无担当，更不顾为人子女之孝，这对纨纨来说是个极大的打击。她对丈夫极为失望，执笔写下了《暮春赴岭西途中作》，以抒发自己的苦闷和思乡之情：

> 故园别后正春残，陌上莺花带泪看。
> 何处乡情最凄切？孤舟日暮泊严滩。

而叶纨纨要面对那个既无才学又无人品的夫君，是何等的折磨？她从小接触到的，都是满腹才学又温文尔雅的兄弟姐妹，从没想到过自己的丈夫竟然是如此粗鄙不堪。

东晋才女谢道韫嫁到王家之后，常常闷闷不乐，叔父谢安问她，她说："一门叔父，则有阿大、中郎；群从兄弟，则有封、胡、遏、末。不意天壤之中，乃有王郎！"意思是我们谢家芝兰玉树，个个都是了不起的人物。可是我没想到，天底下竟然还有像王凝之这样平庸的人啊。但实际上，她的丈夫王凝之是著名的书法家，只是诗赋才学稍逊而已。但叶纨纨所嫁的夫君，却连基本的道义和责任都不愿意承担，这比王凝之，又差了许多。可想而知叶纨纨的郁闷之情。

叶绍袁后来在《祭长女昭齐文》中称赞纨纨道："汝德性俭勤，识见超旷，辞气和洽，礼度端详，御下以宽，待人必恕，事姑妯间，尤愉颜怡色，委曲调持，靡不尊卑敦睦，共得欢心。"叶纨纨在袁家待人宽和温厚，很得袁家人的喜爱，但是她的丈夫对她却一直冷若冰霜。而袁家的女儿也没有特别擅长诗词的，纨纨在袁家也找不到可以倾诉心事的闺中密友。

她叹息这样愁闷的日子年复一年，日复一日，蹉跎了自己如花的青春，但是又能如何。她又写下了一首《蝶恋花·秋怀》：

> 尽日重帘垂不卷。庭院萧条，已是秋光半。一片闲愁难自遣，空怜镜里容华换！
> 寂寞香残屏半掩。脉脉无端，往事思量遍。正是消魂肠欲断，数声新雁南楼晚。

春天里春花烂漫，若是闺中少女时，自然又是和姐妹们一起观花写诗。如今独自在袁家，良辰美景不再，只得以泪洗面。她写下了一篇《春日看花有感》：

> 春去几人愁，春来共娱悦。
> 来去总无关，予怀空郁结。
> 愁心难问花，阶前自凄咽。
> 烂熳任东君，东君情太热。
> 独有看花人，冷念共冰雪。

虽然是春日看花，却没有一丝欢喜之意，更没有春天的气息。虽然人们都为春天的到来而感到欢欣愉悦，为春天的逝去而感到悲伤忧愁，而对于纨纨来说，却是"来去总无关，予怀空郁结"，她对这时光的流转，春光的逝去已经麻木漠然了。

后来，叶绍袁整理纨纨遗作时读到此诗，心如刀割，评道："即此一诗，一字一泪，大概已见。无限愁思，不必更说矣。"

在纨纨的咏春之作中，处处见到的，只是忧愁悲伤，"恨""愁""闷"等字眼写了满纸。她再也没有了本属于青春的天真快活，还不到二十岁，她的青春就已经结束了。比如说这首《春恨》：

> 不见春光明户外，但闻时节又花朝。
> 连宵风雨重门掩，魂断江南不可招。

又比如这首《春日感怀》：

> 罗袂消残旧日香，啼痕几度湿年芳。
> 无情懒向东风立，有恨谁怜一梦长？

纨纨的词更是写得凄凉婉约，幽怨至极。如她的《浣溪沙·春恨》二首：

其一

几日轻寒懒上楼。重帘低控小银钩，东风深锁一窗幽。
昼永半消春寂寂，梦残独语思悠悠，近来长自只知愁。

其二

风雨闲庭锁寂寥。又看春色一分消，翠屏斜倚思无聊。
梦觉情踪无处问，闷来心绪最难描，瘵人残病恨今朝。

这两首词如工笔画一般，细腻典雅，然而哀愁萦绕。叶绍袁在这两首词后批曰："'昼永半消''梦残独语'与'梦觉情踪''闷来心绪'，一种伤神。"

叶纨纨在文艺而又开明的家庭长大，曾经对爱情有着满满的向往，希望能有像父母那样相互倾慕、相互欣赏的爱情。然而现实却给了她沉重的打击。正值青春，却独守空房，春闺寂寞，让她加倍感受到命运的残忍。在这种境遇下，她大胆地希望能有一位情投意合的人带自己逃离这个没有生气的家庭。她把这种感情含蓄地写在了自己的《菩萨蛮》二首中：

其一

罗巾拭遍伤春泪，夜长香冷人无眯。独坐小窗前，孤灯照黯然。

关情双紫燕，肠断鸳鸯伴。无奈武陵迷，恨如芳草萋。

其二

轻风庭院将寒食，海棠雨过娇无力。春思暗萦人，春愁更断魂。

梦迷芳草远，殢酒屏山掩。蝴蝶扑花忙。深闺日正长。

但是，满怀爱情憧憬的叶纨纨面对的却是残酷的现实，身为大家闺秀的她不可能真正逃出那个牢笼。面对理想与现实的巨大落差，叶纨纨写下了一首《玉楼春·立秋》：

微云日暮庭花紫，一叶飘轻淡罗绮。扇惊长信泣佳人，山冷苍梧悲帝子。

楼前莫问相思字，深院萤飞照砧杵。西风燕去几时归，秋梦芙蓉江上水。

"扇惊长信泣佳人，山冷苍梧悲帝子"用的是班婕妤和潇湘妃子之典故，她们都是爱情中失意的女性，无法和所爱的人相守终老。纨纨对自己说，既然历来女子命运都如此悲惨，自己又何必作无谓的抗争？于是，她悠然低叹"莫问相思字"，宣布了自己对爱情的告别。当胸中对于爱情期待的小小火苗最终完全湮灭之时，她对于生命的热情也在一点一点消失。

　　她本是聪慧灵秀的才女，素来为自己的才学而备感骄傲，却不料被丈夫如此漠视，心中之痛，便如才子落魄一般。"众人皆醉我独醒，举世皆浊我独清"，世间无人能懂，竟如此孤独和寂寞！她写下了《秋日书怀》：

> 落魄长如梦，忧来喟满膺。
>
> 众人皆若醉，举世更难澄。
>
> 绀发向秋暮，白云无路登。
>
> 凄凄对摇落，临眺一闲凭。

另有一篇《初秋感怀》，更是令人不忍多读：

> 忽忽悠悠日倚楼，不堪萧索又逢秋。
>
> 流年冉冉侵双鬓，长夜漫漫起四愁。
>
> 旧事经心空染泪，壮怀灰去谩凝眸。
>
> 唾壶击碎还搔首，泣向西风恨几休。

她明明是绮年玉貌，却感叹"流年冉冉侵双鬓"，显然已经心如死灰。而眼前的萧瑟秋景更加深了她的痛苦，想起过往种种，只叹"壮怀灰去"，只好"泣向西风"。

　　叶绍袁在此诗小注中言："'壮怀灰去'，情可知矣，岂无天际想者。"暗暗道出叶纨纨之壮怀与素日渴望的游仙隐逸有关。

因为对婚姻生活及丈夫的极度失望，纨纨也无心梳妆了。"憔悴东风鬓影青，年年春色苦关情，消魂无奈酒初醒。啼鸟数声人睡起，催花一霎雨还晴，断肠时节正清明。"纨纨受母亲沈宜修影响，本是极爱美、也极懂得欣赏美的一个少女，但她婚后已经没有了对生活的热情。当一个女子对美失去了追求，她就已经彻底心如死灰了。

生活愈发变得沉闷无聊。而纨纨无可解闷，只好终日睡眠，"不怨满庭风雨恶，只教终日梦魂消"。只有在梦中才可离开这让她忧愁烦恼的人世间。然而，梦终究是要醒来的，醒来之后，只有愁上加愁。

她写下《菩萨蛮·感怀》，直言"闲愁无尽头"：

凭君莫问烟霞路，悠悠总是无心处。人世自颠狂，空惊日月忙。

萋萋阶下草，日日阶前绕。切莫系闲愁，闲愁无尽头。

纨纨写下这些抒发愁绪的诗词，却不忍让父母读到，写后大多毁弃，仅剩下一百五十来首，自取集名《愁言》。纨纨在娘家的居室名芳雪轩，所以《愁言》一书又名《芳雪轩遗集》。

叶绍袁在整理女儿的诗文时，将《愁言》与小鸾的《返生香》都收入《午梦堂集》中。清代吴中沈钦韩曾在纨纨《愁言》上题跋："天若有情天亦老，月如无恨月常圆。钟情又怕伤心死，一卷愁言欲问天。"直接点出了纨纨"一生皆因情"的悲剧命运。

叶绍袁看着女儿留下的字字愁言的诗词，方知她当时所受的苦痛，想起女儿曾经对他说过的话语，心中痛悔交织。他在《祭长女昭齐文》中说："但见汝烟霞痼疾，泉石膏肓，每思买山筑坞，逃虚绝俗，招朋松桂，抚怀猿鹤，若必不欲见世态纷纭者。偶一夕间，挑灯连榻，汝与两妹竟耽隐癖，汝料入山无缘，流涕被枕，我时闻之，深笑汝痴，隐岂儿女子事，又何至如霰之泣也。由今追想，殆汝胸中固已逆揣终身，了无佳境，故以忧愁愤懑之衷，托之沉光铲影之谈，明知理之必无，自寓其情之至郁已矣。"

于是慈父便只能在自己的文中去圆女儿的理想，让她在自己的梦中得偿所愿。据叶绍袁所撰《天廖年谱别记》所载：

> 一夕，斜月将阑，心境清绝。俄而梦至一所，如虎邱半塘光景。绿水平堤，清波潋漾，横桥斜映，两岸垂杨数百株，黄莺飞鸣其间，浮瓜沉李，荫树为市。余正顾乐心赏，忽见一青衣小鬟，望之阿娜然，即之则亡女昭齐之亡婢绣瑶也。余问："汝何至此？"曰："两女郎遣我出买瓜耳。"余问："昭齐、琼章同居耶？"曰："同在此山中。"遥指西南一山，远望苍松翠柏，菁葱掩霭，余曰："我欲往视之。"曰："望之如迩，去之甚远也。"余曰："然则汝何以至此？"笑而不答，余亦遂寤，殆或仙境矣。

在梦中，叶绍袁遇到了叶纨纨已经去世的侍女绣瑶，绣瑶告知叶纨纨和叶小鸾都已经居于仙境之中。这梦中的仙境，便是一个再无忧愁烦恼、也再无任何拘束的精神家园，这是抑郁七年的叶纨纨所一直向往的。

叶绍袁晚年追忆女儿之苦，不由得潸然泪下："我女自十七结褵，今二十有二岁而夭，七年之中，愁城为家。"她的诗中"无一时不愁，无一语不怨，实实郁死，伤哉"，她的诗集也因之而取名为《愁言》。

梦里有山，醒来无酒

纨纨与小鸾相差六岁，她们共同生活的时间不长，但姐妹之间的情谊非常深厚。

虽然叶纨纨从来不跟小鸾说起自己婚姻的种种不如意处，但姐妹连心，姐姐神情中一些细小的变化，还有多首寄给妹妹的诗词无意中流露出来的寂寞与凄苦，敏感如小鸾肯定全部感受得到。

叶小鸾对姐姐深感同情和理解，但却无能为力，同时她对自己将来的命运也暗暗感到担忧和恐惧。她曾细细刻画过闺人愁绪，如《点绛唇·戏为一闺人代作春怨》：

> 新柳垂条，困人天气帘慵卷。瘦宽金钏，珠泪流妆面。
> 凝伫凭栏，忽睹双飞燕。闲愁倦，黛眉浅淡，谁画青山远。

她还有一首名为《闺怨》的诗：

> 岭上寒梅几树开，西风人瘦影徘徊。
> 啼鹃已送千山隔，空向佳人泣镜台。

她另作《宫怨》，用的还是班婕妤的典故：

> 千株御柳晓星沉，琼佩声寒玉露侵。
>
> 何处笙歌新侍宠，独教团扇怨秋深。

但是，婚姻还是来了。早在叶小鸾十二岁时，她曾给远在京城的舅父沈自征寄了几首诗词。舅父为外甥女的才华自豪，时不时拿出来炫耀，引起了众多名门望族的注意，其中就包括昆山大族、河南布政使张维鲁。

张维鲁有一个儿子张立平，当时十三岁。张维鲁见到沈自征拿出的叶小鸾的诗，惊为天人，当即为儿子求婚。叶家素来贫困，见张家高门大户，张立平和小鸾又年貌相当，沈自征想当然地认为是天作之合，欣然同意。

张家准备了谢允之礼，沈宜修亲自收视，但令她吃惊的是谢允之礼的茶盘中竟有半支断玉簪，她偷偷地将断簪抛在花园的竹林外，但心中总是隐隐有不安之感。

崇祯五年（1632），张维鲁向叶家提出为张立平与叶小鸾完婚，婚期定在农历十月十六日。叶绍袁当即同意了。

对于张立平，史上没有任何记载，虽然有文献称他早有文名，但并无诗词传世。小鸾在家中从未见过这少年的模样，更没有看过他的诗文，如何能为之倾心？为此，小鸾惆怅徘徊，辗转难眠。"堪笑西园桃李花，强将脂粉媚春华。疏香独对枝梢月，深院朦胧瘦影斜"。她生来敏感细腻，想得肯定更多。张家远在昆山，跟娘家距离遥远，自己一旦远嫁，怕是回家一趟也是艰难，自己却将如一只风筝，飘飘荡荡，无依无靠了。

不论从哪个方面说，这次婚姻带给了小鸾很大的压力，但叶家是书香门第，讲究孝道，父母之命，又不能不从，而叶小鸾又素来乖巧孝顺，纵是千般不愿万般不甘，又能如何？她只得把所有的担忧烦闷压到了心底。

出于对女儿的爱，父母对这桩婚事非常重视。首饰、衣物、妆台、器皿无不精心准备。叶绍袁为了将婚礼办得气派一点，为女儿多添置一些嫁妆，还四处向人家借钱。叶绍袁《叶天寥自撰年谱》记载："余为琼章将嫁，日萦心曲，家本贫士，力难九十之仪。而情深爱女，不忍菲薄，殚夫妇之经营，历春秋之拮据，佩帨綦巾，仅称粗备。"

小鸾知道后，心中不安，劝父亲说："古时贤女出嫁，鹿车布裳也不觉得寒伧。父亲本来就知道，何必讲究排场？"父母见女儿体贴懂事，均觉得大为安慰。但他们却忽略了小鸾心中愈来愈深的愁苦。

小鸾向往的是自由自在、无拘无束的生活。而舅母和姐姐的婚姻都不美满幸福。舅父冷落舅母，十年未归，舅母忧郁而死。姐姐自出嫁之后愁眉不展，虽然强颜欢笑，但是心思细腻、感觉敏锐的妹妹又如何感觉不出来？母亲和父亲虽然堪称神仙眷侣，却也是聚少离多，担惊受怕，还要含辛茹苦，日夜操劳。自叶小鸾十岁归家至十七岁夭折的七年光阴，叶绍袁只在家两年，母亲长久地处在等待与思念中。这使得小鸾从内心深处拒绝婚姻，婚姻对她来说意味着凡俗、琐碎与冷漠。当婚姻大事邈远而不可及时，小鸾还可以暂时不去想这些事情。而婚姻真正到来，她再也无法逃避时，心中逐渐充满恐惧。想到以后将有一天，她也要过上琐碎的婚姻生活，她便感到彻骨的寒冷，无法想象如何去面对未来。

在这段时间，叶小鸾写下了一系列诗词，透露出了她内心深沉的悲哀。

如《浣溪沙·送春近作》：

> 春色三分付水流，风风雨雨送花休，韶光原自不能留。
> 梦里有山堪遁世，醒来无酒可浇愁，独怜闲处最难求。

叶绍袁语："凡壬申年作，俱此等语，真不解何故。问天天远，如何如何！"壬申年的到来意味着小鸾出嫁已在眼前，她对于未来也越来越忧心和焦虑，"梦里有山堪遁世，醒来无酒可浇愁"。

又如《虞美人·残灯》：

> 深深一点红光小，薄缕微微袅。锦屏斜背汉宫中，
> 曾照阿娇金屋、泪痕浓。
> 朦胧穗落轻烟散，顾影浑无伴。怆然一夜漫凝思，
> 恰似去年秋夜、雨窗时。

一点残灯薄光，让小鸾想起汉朝的陈阿娇陈皇后。当年汉武帝刘彻说金屋藏娇时，何尝不是真情呢？但最后的结局却是陈皇后在长门殿以泪洗面，郁郁终生。即使贵为皇后，婚姻的真相也是如此无奈。在这首词里，小鸾感叹女子的薄命，犹如残灯微光，犹如轻烟散落。

一日秋夜，小鸾想起了两位姐姐，登楼望远，落日中只见芳草碧树。西风吹起绣裙，小鸾一人独自伤感思念。也许，只有姐姐，才能懂得她此刻内心的忧惧：

> 情脉脉，帘卷西风争入。漫倚危楼窥远色，晚山留落日。
>
> 芳树重重凝碧，影浸澄波欲湿。人向暮烟深处忆，绣裙愁独立。

这便是《谒金门·秋晚忆两姊》。陈廷焯评价此阕云："造语精秀。"

小鸾将嫁之时，纨纨曾于九月初回娘家看望父母与妹妹，并相约在九月二十日后，早一点回娘家为妹妹的婚礼做准备。别后回夫家时，乘船过汾湖而行，湖中风景虽好，但没有能共同看景的人，纨纨也没有心情去细细欣赏美景了，"风景可玩，惆怅不能相同"。于是，她惆怅写下："萧疏一片沧江晚，惆怅临风独自看。"

回家之后，纨纨作下一首《送琼章妹于归》：

> 画堂红烛影摇光，箫鼓声繁绕玳梁。频传帘外催妆急，无语相看各断肠。
>
> 鸾台宝镜生离色，鸳带罗衣惜别长。香霭屏帷凝彩扇，风轻帘幕拂新妆。
>
> 新妆不用铅华饰，梅雪由来羞并色。倾国倾城自绝群，飞琼碧玉惊相识。
>
> 相顾含情泪暗弹，可怜未识别离难。遥遥此夜离香阁，

去去行装不忍看。

欲作长歌一送君，未曾搁管泪先纷。追思昔日同游处，惆怅于今各自分。

昔日同游同笑语，依依朝夕无愁苦。春阁连几学弄书，秋床共被听风雨。

更忆此时君最小，风流早已仙姿褒。雪句裁成出众中，新词欲和人还少。

往事悠悠空自思，从今难再不胜悲。休题往日今难再，但愿无愆别后期。

别后离多相见稀，人生不及雁行飞。杳杳离情随去棹，绵绵别恨欲牵衣。

恋别牵衣不可留，扬帆鼓吹溯中流。可怜此去应欢笑，莫为思家空自愁。

此诗本是祝贺叶小鸾夭桃之期的催妆诗，盛赞小鸾的美貌"新妆不用铅华饰，梅雪由来羞并色。倾国倾城自绝群，飞琼碧玉惊相识"，还有才情"更忆此时君最小，风流早已仙姿褒。雪句裁成出众中，新词欲和人还少"，也饱含着对妹妹的祝福和不舍。但因为纨纨自身的凄惨遭遇，心情长期抑郁，因此诗作之中也隐隐把一缕无奈和悲凉带入了字里行间。

九月九日重阳节，婚期将近，小鸾心中越发不安和焦虑，她写下了一首《九日》：

风雨重阳日，登高漫上楼。

庭梧争坠冷，篱菊尽惊秋。

陶令一樽酒，难消万古愁。

满空云影乱，时共雁声流。

随着婚期一天天逼近，小鸾心里的感觉，是"庭梧争坠冷"的"冷"，"篱菊尽惊秋"的"惊"，"满空云影乱"的"乱"。所以她说："陶令一樽酒，难消万古愁。"纵使是陶渊明的一壶忘忧酒，也难消这万古长愁。

叶绍袁在这首诗后注曰："于归在迩，何愁之有，而且云'万古'也，明明谶语。张方伯弃楚臬而归，即有此变。暗符陶令事，甚奇。"

周围的人都是喜气洋洋，唯有叶小鸾心底一片冰冷。她知道无论怎么跟父母解释，父母也不会理解她的心情，而真正懂得她的姐姐们又都不在家里，小鸾心下越发悲凉。

踏莎行·寒食悼女　沈宜修

梅萼惊风，梨花谢雨，疏香点点犹如故。莺啼燕语一番新，无言桃李朝还暮。　　春色三分，二分已过，算来总是愁难数。回肠催尽泪空流，芳魂渺渺知何处。

第十章

紫玉成烟：

疏香阁外黄昏雨

瑶池素女，吹落紫笙

入秋，叶家上下都在忙着张罗小鸾的婚事，人人都是笑逐颜开，连一向操劳的沈宜修脸上都是笑意。叶小鸾却始终秀眉微蹙，闷闷不乐。但忙碌的父母又一次忽略了叶小鸾的感受。

九月十五日，小鸾正在教六弟叶燮和小妹小蘩诵读《楚辞》时，张家的催妆礼送上门来。催妆，顾名思义即是催新娘子上妆，准备出嫁。张家对新娘子十分满意，希望能够尽快迎娶新娘子过门。

叶小鸾内心深处本来就对未知的婚姻充满恐惧，又无从排解，这下又惊又惧，于是她真的病了。就在这一天夜里，她病情进一步加重，卧床不起，而且陷入了昏迷状态。

叶家人一下慌了神，眼看婚期将近，如何是好？叶绍袁赶紧请医诊治，沈宜修则烧香拜佛，为女儿祈祷。一家人都坐立不安。

叶小鸾一直昏迷了四天，到了第四天，她终于醒了，能下床行走。父母终于松了一口气，以为病情已有好转。平素里小鸾虽然娇弱，却也没有生过什么大病。诚如叶绍袁所说："汝姿容德性、神气言辞，并为贵寿之征，断无夭亡之祸。"父母也不过以为小鸾是入秋着寒，略有小疾而已。小鸾二弟叶世偁时年十五岁，后来也疑惑："若使我姊而尝多疾病，则生死之途，固非人之所能测，乃以我姊而遂至于斯，真偶之所不解矣。"他们无论如何想不到倔强少女对于自由的渴求、对于婚姻的恐惧，竟然会让她一病不起。潜意识里，小鸾也许以为，如此病倒，婚事应该推后，甚至可以取消了吧。

叶绍袁担心女儿身体，于是多次传书到张家，希望能够延迟婚期，等叶小鸾身体痊愈再举行婚礼。但张家却以为叶家借故拖延，张家公子对小鸾又倾慕已久，于是便提出用冲喜的方法驱赶病魔，不肯更改婚期。古时婚礼是由男方家说了算，叶绍袁犹豫了半天，见张家态度坚决，不得不同意了。

晚上，叶绍袁怀着沉重的心事，来到小鸾房中，见小鸾脸色苍白，憔悴不已，心中酸楚，却又不得不告知小鸾此事，就对小鸾说："为父已经应许，孩儿当努力痊愈，莫要误了佳期。"他希望女儿赶紧好起来，顺利成婚，于是无奈地对女儿提出了这样的要求。

小鸾一向乖巧听话，但这次叶绍袁并没有听到女儿的回答。

她默然不语。

父亲一走出门，叶小鸾便低声问侍女红于："今天是什么日子了？"红于忧心忡忡地回答："十月十日。"小鸾叹息道："如此甚速，如何来得及？"

她虽然素来温柔和顺，骨子里却极是倔强。"瑶池谅非邈，愿言青鸟翔。"她曾经一心想按照自己喜欢的方式生活，当身不由己、无可奈何之时，她对这尘世的眷念也就消逝了。她熟读《西厢记》《牡丹亭》，又通禅理，向往心灵自由，本就视死为仙遁，此时更是丢掉求生念头，病情便加重了。

叶绍袁急得无计可施，心痛如绞。沈宜修五内俱焚，抱着爱女一遍遍问："何致如此？"母亲隐约感觉到女儿抗拒婚事，此次病痛来得太巧又太怪，但一时之间也没有完全把婚事和病因联系起来，只好轻声询问，但小鸾只是闭目不答。

小鸾的哥哥和弟弟们这一天恰好要远行赴试，来跟小鸾告别。小鸾的哥哥叶世俙只见小鸾"容颜憔悴，神色惨然"，不见"平日之丰姿体态"。叶世俙大惊，妹妹病了不到半个月时间，怎么会如此消瘦？看来妹妹一时之间难以大好了。他怀着沉重的心情上路了，再想不到这会是兄妹俩的永别！"孰意从此一诀而千秋永别，遂杳乎不可再见！"这命运的无常，这生命的脆弱，谁能知晓，谁又能把控？

到十一日天明时分，叶小鸾突然自己要求坐起来，沈宜修怕她久病无力，便扶她枕于臂间。她还以为女儿有好转的迹象，略略安心了一点，却不知道这竟然只是"回光返照"。

小鸾坐起之后，毫无昏迷之态，星眸炯炯，口念佛号，声音虽然微弱，却明朗清澈。沈宜修侧耳细听，却没听清楚女儿在说什么。正欲开口询问，却不料，就在这须臾之间，小鸾缓缓闭上了眼睛。

沈宜修以为小鸾累了，连唤"小鸾、小鸾"，但小鸾已经停止了呼吸，没有了心跳，她已经永远离开了这个世界。

这时，离她的婚期，只有五天。

本是大喜之日，却顿生大悲之事。叶绍袁夫妇撕心裂肺，悲伤不堪，终日以泪洗面。

叶绍袁和沈宜修无法接受爱女的逝去。沈宜修对人说："吾儿岂是凡骨，定是瑶池玉女，不能久居凡尘，如今暂时被召回天上，不日将返。"她相信女儿是天上神女，只是暂时离开她，女儿一定会死而复生。她如此才貌，世所罕见，怎么可能这么轻易就离开他们呢？何况小鸾夭折时，丝毫没有痛苦的迹象，就如活着时的容貌，肌肤莹洁，嘴唇红润。于是，小鸾的遗体一直停放了七天。每等一天，父母心中的期盼便少了一分，等到第七天，父母不得不接受她已经撒手尘寰这个事实。

第七日，叶小鸾入殓时，虽然芳容消瘦，但仍然肌肤如雪，好像只是睡着了一般。沈宜修钉棺木前，用朱笔在小鸾右臂上写"琼章"二字，希望她仍有后世来生，以后看到臂上的字会再相认相识。下笔之时，只觉女儿手臂柔白可爱，却已经冰冷刺骨，忍不住又大哭一场。沈宜修在女儿去世后写过《挽女诗》，其中有"回首从前都是梦，劬劳恩念等闲消"之句。以前和女儿一起度过的快乐时光，此时想来，真是如同梦境一般呀，辛辛苦苦地养育女儿，而她却撒手人寰，所有曾经付出的辛劳恩情全部都不存在了。

叶绍袁在《祭亡女小鸾文》中，记录着小鸾的陪葬物品："汝母手写《大悲神咒》暨《金刚经》共二本，又绣大士一幅，俱在汝顶上，身旁有汝妆时素用小镜一圆，束惯旧玉玦一件，沉香数两，石印四枚。"他希望小鸾在另外一个世界里，仍然有自己的心爱之物相伴。只可惜父母的拳拳之心与眷眷之意，小鸾是再也感受不到了。

叶绍袁作了一篇《婚逝赋》，其中有："恶若我作，死亦我分"，含着深深的内疚与自责之意。他认为小鸾的去世与他这个当父亲的有关，因为自己的"拙守迂踪，靡敢陨越"，不敢拒婚退婚，坚持依期完婚，而造成小鸾"因嫁而亡"。

舅父沈自炳曾评价小鸾："生而灵异，慧性夙成；长而容采端丽，明秀绝伦。……摹古人书画，无师而解其意。举止庄静，不妄言笑。……志逸烟峦，以婉娈之年，怀高散之韵。……由斯以谭，心高五岳，气轶层霄，方且耻彩鸾之多嫁，訾弄玉之有夫，焉肯画眉玉镜，掩袂凤帷也哉！"这里，舅父也认为小鸾灵慧明秀，心高气傲，绝对不会嫁给世间的平庸之辈。

而母亲沈宜修作《季女琼章传》，从才貌德行、言谈举止等各个方面，将一个正值青春年少、明慧潇洒的美貌才女细细刻画出来，令人惊艳感叹。后人了解叶小鸾，多是从沈宜修的这篇小传开始的。

叶小鸾过世时，曾经是堂堂工部主事的叶家，境况已是贫困难言，连像样的棺木也买不起。叶小鸾过世三天后，消息传到张家，张家上下震惊，张家公子张立平更是捶胸顿足。听说了叶家的窘境之后，张家选蜀中美材，日夜兼程，由张立平亲自从百里外的昆山送来。

张立平对小鸾的去世也是极为痛惜，他自从定亲开始，一直都在期盼着婚期，期待着亲眼见到叶小鸾惊为天人的容颜。岂知"昊天不吊，兰摧玉折，七载萦思，一朝望绝！"他在为小鸾所写的祭文中写道：

> 孟冬月既望，寒气何萧瑟。讣音我伤心，抚景长叹息。岁月如飘风，一逝何嗟及。伊人水中央，高门毓奇质。少小随母氏，从容好书帙。诗赋丽管彤，悠然秉清逸。婉娩自天性，柔嘉师女则。不鄙以字余，欣愿在异日。胡为方请期，忽焉闻示疾。哀哉遽长往，距期仅五日。幽明隔终古，天道诚茫茫。不得生相识，生为参与商。不得死相别，相望天一方。别离尚不得，何况欢乐长。肃吊一遵礼，筵几余词章。微风动遗照，虚室生幽凉。耳目如有遇，仿佛疑在亡。日暮悲风起，神形两彷徨。愁云蔽明月，衣袂沾露光。以此心惨戚，悲恸摧中肠。缘感谅有以，生死莫相忘。

叶绍袁很欣赏这个年轻人，认为他"英才特达，圭璋令器"。叶绍袁以为如果小鸾和他结合的话，定是一对佳偶。后来明朝灭亡，叶绍袁率家人逃进深山避难，张立平还不时过来拜见，并且送来食物。

据传，叶小鸾死后，疏香阁前种的几株芭蕉，无风自响，如嘤嘤啼哭，不久就枯萎了，堪称一奇。而疏香阁外的梅花树，从此再也没有开花，只有几株腊梅幽幽吐芬。时人感叹："几点腊梅花欲蕊，经窗相对两无言。今将今古无穷恨，都付蕉窗夜雨声。"
谁说草木无情？

沈宜修把叶小鸾的卧室布置成佛堂，独自焚香、冥想，期望
女儿来生能前来相见。她坚持认为女儿是瑶岛玉女或者灵鹫侍者
下凡，所以如此年少就仙去了。这样想着，慈母已经寸断的柔肠
方才好过了一点。

她又想起之前九月初的时候，叶小鸾制作了一面木牌，手书
其上"石径春风长绿苔"一句。沈宜修问为何写这句诗，叶小鸾
回答说："孩儿酷爱此语。"当时母亲并没有把这件事放在心上，此
时回忆起来，这句诗乃是刘商所作，上句是"仙人来往行无迹"，
仿佛这就是小鸾仙去的一个预兆。

在十一月初二夜，叶绍袁的第五子叶世儋梦见了姐姐叶小鸾。
在梦中，叶小鸾在一座深松茂柏掩映着的茅庵中靠着几座看书，
身边有一位青衣童子，正在烹茶。世儋看到小鸾，又惊又喜，喊
了一声"姐姐"，就想走进茅庵之中，但叶小鸾身边那位烹茶的青
衣童子立刻转出，不许他入户。世儋只好隔窗喊着姐姐。叶小鸾
看到弟弟，神色间也是又惊又喜，姐弟俩说了几句话。

就在这时，世儋醒来了。他年龄还小，隐隐还记得梦境，却
记不起他们说过什么话了。他把这个梦境告诉了母亲。

后来过了几天，叶世佺也梦见了这座山以及山中的小鸾。沈
宜修又悲又喜，认为"儿之凤慧异常，当果为仙都邀去耳"。

叶绍袁为女儿招魂时，也认为女儿是成仙而去："使瑶池素女，
吹落紫笙，蓬岛仙童，飞来青鸟。桃花源下，人知弄玉之仙，桂
树宫中，共识飞琼之去。"

悲痛欲绝的父母一遍遍地告诉自己女儿是成仙而去，心中的痛楚才能稍作缓解。

小鸾死前，舅父沈自征已从东北返回新安。噩耗未传到时，他还在客栈中屈指计算着小鸾出嫁的日子，以为她已经平安美满，结婚多日了，欣喜得睡不着觉，于是拈了《红叶》作为诗题，消磨长夜。

谁知道沈自征忽然睡去，梦中见到小鸾来到，仍然像小时候一样唤自己为"父亲"，说道："吾父咏红叶，惟《深闺》一律中'若同灵草芳魂返，留伴金泥簇蝶裙'之句为佳。"沈自征问她有没有近作，她取出《望江南》数阕，沈自征梦中只记得一联："金鉴晓寒追短梦，玉箫声远立空廊。"

沈自征醒后，隐隐觉得有不祥之感，备感惆怅。不久家人就传来了小鸾的讣信，这时离小鸾的死已有九日。沈自征在极度惊骇与伤心当中，坚信那夜的梦一定是小鸾的魂灵前来向自己告别。他以为钟爱的养女婚后会过着幸福的生活，还设想过小鸾归宁之后与自己相见的欢乐情景："私计来岁春明，汝当归宁，余则扫门迎汝，先为汝设馆：小阁锦茵，为汝双飞之止；牙签芸帙，为汝简阅之用；小笺韵叶，为汝吟咏之资；洞箫静琴，为汝闲情之寄；投壶玉局，为汝酡颜之娱；素馨媚兰，为汝弱质之佩……"谁知道，竟是镜花水月而已！"孰意尽付之梦想耶？"小鸾于婚前五天逝世，对舅父来说，大喜变大悲，令他太难接受："即使早殇中夭，亦未至为大惨，独不先不后，摧折于嫁前之五日，桃李将华，肃雍拟驾，凤吹邃远，兔药不灵。使骨肉心狂，姻亲魂断，造化之虐，何至是欤！"

千花共逐，双玉偏埋

大姐叶纨纨根本不相信三妹会这样突然离去。她本来身体欠佳，得了肺病，因伤风而咳嗽不止。闻此噩耗，纨纨急忙赶回娘家奔丧，抚棺痛哭，在悲痛中伤心欲绝，病倒在床。病中犹作《哭亡妹琼章十首》，一字一句，都浸透着伤痛与泪水。

其一

病里俄惊报讣音，狂风号野正凄阴。

归来哭向残妆处，冷月寒花滴泪深。

病中听到妹妹的死讯，犹如晴天霹雳。而狂风号野，仿佛也在为妹妹叹惋。回来为妹妹一大哭，冷月下的花儿上滚动着露珠，那是花儿也在为妹妹哭泣啊！

其二

别酒同倾九日前，谁知此别即千年。

疏香阁外黄昏雨，点点苔痕尽黯然。

几天前才刚刚与妹妹分别，谁想到到如今却已阴阳两隔。疏香阁外黄昏幽暗，阵阵细雨，点点苔痕，心中伤痛真是难以自已。

其六

才赋催妆即挽章，苍天此恨恨何长。

玉楼应羡新彤管，留得人间万古伤。

刚刚才做好催妆诗，满心希望妹妹从此能过着不同于自己的幸福生活，谁知道妹妹薄命，比自己犹胜！

其十

黄埃萧索草烟粘，草色从今带泪沾。

断尽回肠难再续，漫将枯管病中拈。

心痛妹妹之死，泪不曾干，尽管病重脸色憔悴，也要提笔写诗，以抒发对妹妹的思念。

十首哭妹诗，尽是叶纨纨病中所作。在哭妹之时，叶纨纨也是自伤身世，越哭越悲，越悲越哭。因哭妹伤心过度，纨纨终于病倒。在病中，每日诵《金刚》《楞严》等佛经。随后，她将哭妹诗连同自己仅存的一百五十来首诗词编成集子，自取名曰《愁言》。

之后的某一天晚上，叶纨纨梦见自己来到深山之中。对着青山绿水，仿佛从病痛和悲伤中解脱出来，于是挥笔作了一首诗。作完之后，叶纨纨便从梦中惊醒，想起梦中种种，恐怕并非吉兆，于是便对母亲沈宜修说了梦中所见。母亲大为惊恸，竭力加以劝慰。

过了几天，叶纨纨又做了一个梦。梦中有人以《金刚偈》给她看所谓梦幻泡影的说法。她醒来之后，又跟母亲说了此事，认为自己也许不能久于人世了。母亲痛惜小鸾，泪不曾干，谁知道大女儿又起了轻生之意，痛上加痛，反复劝解，想消除她心中的忧虑。叶纨纨心疼母亲，也不舍母亲，但长期的抑郁已经大大损伤了她的身体。这忧虑，始终是消不下去了。

病中的纨纨只觉身体越来越沉重，自知不能支持太久，到十二月二十二日子时，纨纨请人把自己扶起来，对母亲说："我不行了。"然后抗身危坐，敛容正襟，合掌礼念，通身汗下。她就这样，静静地在作佛礼中去世。

当时叶纨纨不过二十三岁，离小鸾逝去之日才七十天。

对于她们的父母尤其对母亲沈宜修而言，叶纨纨之死又是致命一击！叶绍袁面对她们的遗物，常常"触目增哀""婴心生感"，沈宜修更是"惊悼不知所出，肝肠裂尽，血泪成枯"。

两个爱女逝世，沈宜修终于病倒了。病中，她悲不自胜，写下了大量悼念的诗词文赋来寄托自己的哀思，如《哭季女琼章》《七夕思两亡女》《夏夜不寐忆亡儿》《忆秦娥·寒夜不寐忆亡女》《寒食悼两亡女》《见早梅忆女》……这些作品在《鹂吹》中占有很大分量。

她夜夜梦见女儿。有一夜，她又梦见了叶小鸾，女儿容颜仍是玉净花明。她欢喜之极，问小鸾姐姐纨纨在哪里，为何没有跟她一起回来。小鸾微笑着指向屋子的东面，纨纨在那里像是在闺中时一样，在静静看书。沈宜修奔将过去，握住女儿的手，正悲喜交加间，梦却醒了。清醒之后，她愈发痛楚。她把这次梦中的相会写在《夜梦亡女琼章》：

> 东风夜初回，纱窗寒尚冽。徘徊未成眠，铜壶催漏彻。
> 偶睡梦相逢，花颜逾皎雪。欢极思茫然，离怀竟难说。
> 但知相见欢，忘却死生别。我问姊安在？汝何不同挈。
> 指向曲房东，静把书篇阅。握手情正长，恍焉惊梦咽。

觉后犹牵衣，残灯半明灭。欹枕自吞声，肝肠尽摧折。

她在《哭季女琼章》诗中写道："抚恃深闺十七年，幽兰明月方可妍！""折玉碎珠何太早，返魂无术心空捣！""恨极江淹亦未闻，哀多庾信更难堪诉。"

她在《哭长女昭齐》诗其四中写道：

> 东风吹不到泉台，姊妹长眠甚日开。
> 微雨池塘春索寞，暮云烟树影徘徊。
> 半生只与愁为伴，七载尝从闷里催。
> 赴唁归宁伤竟夭，可堪哀处更添哀！

素来疼爱的两个女儿，美貌多才的两个青春少女，竟这样一去不返。尤其是长女叶纨纨，她婚后七年，受了多少罪，"半生只与愁为伴，七载尝从闷里催"，一想到女儿宁可独自忧愁也不把这些苦楚向父母吐露，沈宜修的心都要碎了！

《哭长女昭齐》其九云：

> 栏外霏微满院香，缤纷丽景竞含芳。
> 千花尽逐年华转，双玉偏埋春夜长。
> 地下应无新岁月，人间空自老星霜。
> 燕吟絮句俱何在，哭向灵几莫酒浆。

满园芬芳，缤纷丽景，如此良辰美景，还有什么心思欣赏呢？两个如美玉一般的女儿已经长眠不醒，对母亲来说，从此每一个夜晚都是漫长难熬的。

《忆秦娥·寒夜不寐忆亡女》一词：

> 西风冽，竹声敲雨凄寒切。凄寒切，寸心百折，回肠千结。
> 瑶华早逗梨花雪，疏香人远愁难说。愁难说，旧时欢笑，而今泪血！

西风凛冽，雨滴敲打在竹叶上，声音寒冷入骨。想起两个早逝的女儿，肝肠寸断。那如梨花芳雪一般的长女叶纨纨，如梅花疏香一般的季女叶小鸾，本是母亲最大的骄傲啊。从前共度的快乐时光，欢声笑语，仿佛还历历在目，声犹在耳，如今却阴阳两隔，永不相见。母亲字字血泪，凄凉悲哀。

《踏莎行·寒食悼女》也是沈宜修悼念亡女的作品：

> 梅萼惊风，梨花谢雨，疏香点点犹如故。莺啼燕语一番新，无言桃李朝还暮。
> 春色三分，二分已过，算来总是愁难数。回肠催尽泪空流，芳魂渺渺知何处。

寒食节，凄风冷雨，更是让人断肠。在沈宜修的这首词中，梅萼自然是小鸾的化身，梨花自然是纨纨的芳魂了。女儿芳魂渺渺，而母亲的泪已经快流干了。

三年之后，她又写下四阕《水龙吟》悼念亡女，其中词序有云：

"庚午秋日，余作《水龙吟》二阕，儿辈俱属和，书之扇头。今又经三载，偶简箧中，扇上之词宛然，二女已物是人非矣，可胜肠断，不禁泪沾衫袖。"

这痛苦太重，她承受不来，于是便更加虔诚向佛，希望忘却伤痛，得到解脱。她曾写下一首《忘世偈》：

> 四大本非我有，诸缘假合尘劳。
> 刹那时间洒却，如如万境潜消。

《病中上泖大师》曰：

> 四大幻身终有灭，茫茫业海正深时。
> 一灵若向三生石，无叶堂中愿永随。

但忘却又谈何容易？她越来越思念女儿，病痛也越来越重。她仍然强撑病体，支撑着这个家。她晚期作下的诗词，已经不同于前期的闺怨幽思，而是饱含着生命忧患和世事沧桑之感，具有更加厚重的情感意蕴和复杂丰富的人生喟叹。如《江城子·重阳感怀》：

> 其一
> 霜飞深院又重阳。漫衔觞，遣愁肠。为问篱边，能得几枝黄。聊落西风吹寒雁。罗袖薄，晚飘香。
> 韶华荏苒梦凄凉。望潇湘，正茫茫。木落庭皋，秋色满回廊。泣尽寒螿悲蕙草。空惆怅，暮年光。

其二

西风自古不禁愁。奈穷秋，思悠悠。何似长江，滚滚只东流。霁景萧疏催晚色，新月影，挂帘钩。

芙蓉寂寞水痕收。淡烟浮，冷芳洲。断霭残云，犹自倚重楼。总有茱萸堪插鬓，须不是，少年头。

叶小鸾的二姐叶小纨痛失姐妹知己，也是伤痛万分，她曾作《哭昭齐姊挽歌》七首、《哭琼章妹》十首以志哀悼，其中一首为：

妆台静锁向清晨，满架琴书日覆尘。

一自疏香人去后，可怜花鸟不知春。

生别哪知死别难？长眠长似夜漫漫。

春来燕子穿帘入，可认雕栏锁昼寒。

小鸾、纨纨死后三年（1635）的一个仲春，叶小纨回到家中，见庭院花木繁盛，但只有疏香阁外一株古梅，"干有封苔，枝无剩瓣"。弟弟们说，自从大姐和三姐过世，梅花再也没有开过。叶小纨听到后，攀枝执条，不禁泪如雨下："嗟乎！草木无情，何为若是！"她写下了一组诗，其二如下：

芳菲刺眼艳阳天，好景只供愁作伴。

却看二月知正月，落叶连枝成一梦。

人去疏香烛黯然，浮生偏与恨相缠。

为惜今年说旧年，临风双袖泪痕鲜。

"妹丧未几姊又死，愁肠百结泪千垂"，已经过了三年，但叶小纨对曾经亲密无间的姐妹之死仍不能释怀。午夜梦回时，仿佛又回到了三姐妹读书弹琴、作诗吟词的年少时光。

叶小纨在思念中突生灵感，创作了《鸳鸯梦》杂剧，以抒发自己失去至亲的痛楚，她将自己姐妹三人写入了这部仙佛戏中：

> 雨丝丝难系离愁，倩西风吹尽离愁，欲待诉知音何
> 处有？诉青天，怕青天消瘦。听萧萧败叶将窗叩，银灯暗，
> 冷浸香篝，雨不休，风还又。恰天香时候，可正是风雨
> 替花愁。

《鸳鸯梦》主要写的是天上三仙女，即西王母、上元夫人、碧霞元君的三位侍女，因情趣相投而结为异性姐妹。她们都对世俗生活有所向往，动了凡心，被西王母发现后，贬谪下界，在人间转生为昭綦成、蕙百芳、琼龙雕三位才子。

这三位才子降生在松陵地方，汾水之滨。他们因缘结识，在"彩云飞尽、明月将升"的秋夜，于凤凰台上饮酒赋诗，相互倾慕，义结金兰。

次年中秋，琼、昭二人却双双病亡。他们虽年纪轻轻却身怀雄才，是"斯文年少""玉树琼瑶"，然而命运竟然如此无常，明明青春正好却过早凋零。蕙百芳痛失兄弟兼知己，哭悼两人：

> 我三人呵，似连枝花萼照春朝，怎知一夜西风叶尽
> 凋。容才却恨乾坤小，想着坐花阴命浊醪。教我凤台上
> 空忆吹箫，只期牙尽去知音少。从今后凄断《广陵散》，

难将绝调操，只索将鹤煮琴烧。

从此，蕙百芳悟出生命无常，世事无定，于是"逍遥云水，访道寻真"。

后来蕙百芳在终南山下终于得吕洞宾点化，醒悟到"人生聚散，荣枯得失，皆犹是梦"。而正当二人问答之时，只见昭、琼二人采药相携而来。于是，蕙百芳重新与昭、琼相聚，最后在吕洞宾带领下同回瑶池为西王母献寿。

戏里明写三书生意气相投，暗写三姐妹的手足之情。"蕙""昭""琼"分别是小纨、纨纨、小鸾字号的第一个字。蕙百芳自然就是叶小纨自况了。蕙百芳即年二十，昭綦成年二十三，琼龙雕年十七，也恰与叶小纨当时逝世时姐妹三人的年龄相合。

《鸳鸯梦》既写悼亡之情，又抒女性之怨。全剧沉痛悱恻，真情流露。叶小纨把痛失姐妹的痛苦与悲愁、对姐妹的思念与叹惋全部融入这部剧中，感染力极强。汤显祖言："因情成梦，因梦成戏。"叶小纨写完这部戏之后，胸中之痛楚才稍微缓解了一点。

明代才女沈纫兰写有《悼叶琼章》，其二为：

> 残篇读罢想生前，露蕊朝葵十七年。
> 北望未归亡女魄，得君情事越凄然。

叶绍袁附注："夫人女双蕙，字柔嘉，年十六岁，天启丙寅年卒。才色俱绝，有诗行世。"沈纫兰亦在其下附注："余二女俱以入都，病殒中途，年与琼章正相若也。"

沈纫兰刚刚痛失女儿，她哀悼小鸾的早逝，也是在哀悼自己女儿的早逝。

吴山《挽叶琼章》诗前小序云："吴江叶琼章，十二岁有奇才，十七岁有奇惨。予读遗集，始极悲，悲将五日而负结缡；既极羡，羡先五日而脱尘网，琼章本仙也。其见诸吟咏，与自命煮梦子，无非仙也。然则天之折琼章，亦折今日之琼章耳，实全琼章也。琼章今辞叶氏之琼章耳，琼章尚在也。予久欲作挽，焚呈瑶几，但愧瓦砾，羞见珠玉，几回惭进，然亦不肯掩予慕吊之意，聊就短句，君其聆之。"诗云：

> 仙才玉貌古难称，愧我缘悭见不能。
>
> 欲附青鸾候消息，知向瑶台第几层。

沈蕙端《怅怅词》前有词序："昭齐、琼章与余有表谊。其闲赋万言，自有非非想，岂寻常闺秀邪！定霄涂之灵侣也。余所恨者，未经携手相谈，亦云不见若人，只得玩若辞而已。……"

此外，黄媛介有《伤心赋哀昭齐》、《挽诗》十绝、《读叶琼章遗集》、《挽诗》十绝；黄媛贞有《挽昭齐》二首、《绝句》十首、《挽琼章》二首、《绝句》十首；黄德贞有《挽叶昭齐》五首、《挽叶琼章》五首。叶绍袁《天寥年谱别记》云："象三（黄媛介弟）甚感余知己，以其姊媛贞、妹媛介挽昭齐、琼章诗文来。"

叶小鸾死后，叶家也像是被抽走了灵气一般，接二连三有亲人去世，已经不复当年的欢声笑语。1635年，叶家又失去了一位亲人，这便是叶世偁。

叶世偁是叶绍袁与沈宜修的次子，自幼聪慧，文采过人，素有"神童"之称。叶世侻1633年参加科考，名列第一，不料却因有官员从中作梗，以至于他名落孙山。从此之后，他郁郁寡欢。第二年正月初七，叶世侻外出访友，感染风寒，再加上心情一直抑郁，结果就卧病在床。父母为他延医请药，都不管用。

叶小纨为了照顾叶世侻，便回到了娘家。虽然她悉心照料弟弟，仍然没有能挽回弟弟年轻的生命。叶世侻病情继续加重，终于有一天突然吐血身亡。为了寄托对儿子的哀思，叶绍袁编辑了《百旻草》，其中收集了叶世侻所作的赋二首、记二首、序一首、文二首、诗七首和叶绍袁写的《百旻草序》，还有亲朋好友写的祭文十篇。

叶世侻死后，他的未婚妻对他一片痴情，立志不嫁。在她戴孝过门的时候，冯老夫人颤颤巍巍地拉着她的手，老泪纵横。七十六岁的冯老夫人接连失去两个孙女和一个孙子，遭受了巨大的打击，已经再也承受不了了。哭着哭着，冯老夫人竟一口气没有喘过来，便昏迷倒地。叶绍袁等人忙把冯老夫人扶到床上，然而，冯老夫人已经油尽灯枯，逝世了。

短短一两年，叶家接连去世祖孙四人，沈宜修被彻底打垮了，从此一病不起。叶绍袁平素只知读书和解决家族问题，无暇顾及也不善于处理自己家里的事情。家里事无巨细，上至侍奉老母，下至教育子女，包括家中田亩收入、日常支出都是由沈宜修打理的。

沈宜修病倒后，叶家迅速衰落。三年后，在对儿女深深的思念中，沈宜修也撒手人寰。沈宜修仁心卓鉴，在当时无人不敬。有人记载，乡人为之失声痛哭，有"婢女哭于室，僮仆哭于庭，市贩哭于市，村妪、农夫哭于野，几于舂不相、巷不歌矣"之记载。

沈宜修只活了短短的46年，但是却留下了极其丰富的文学作品，有诗、词、偈、拟连珠、骚、赋、序、传等共计 833 首，后来由叶绍袁悉数编入《鹂吹》之中。其中诗 624 首，词 190 首，其他骚赋传序等 19 首，是明代留存作品数量最多的女作家。

在沈宜修去世百日后，叶绍袁挥泪写下了一篇祭文，其中的一段话，颇能道出两人之间的真情感：

> 我之与君，伦则夫妇，契兼朋友，紫绡妆后，绿酒飞时，碧露凝香，黄云对卷，靡不玩新花于曲径，观落叶于低窗。仲长统之琴樽，不孤风月；陶元亮之松菊，共赏烟霞。或披古人载籍之奇，或证当世传览之异；或以失意之眉对龋，或以快心之语相诙；或与君庄言之，可金可石；或与君谑言之，亦弦亦歌；或与君言量薪数米，尘腐皆灵；或与君言不死无生，玄禅非远。谭言微中，咨嗟相许，鄙中垒《左传》之读，陋惠姬《女诫》之垂者也。而今胡为至此哉！酒可盈樽，书犹叠架，月能常照，花欲时开，独君不见，惝恍无俦。入而默默焉，无与语而入矣；出而寂寂焉，无与语而出矣。昔日之清淡雅韵，今日之断草飘尘；今日之弃履零簪，昔日之晓妆晚步。呜呼痛哉！

追忆从前种种美好，叶绍袁不禁沉浸其中不可自拔，而这些时光都随知己兼爱人沈宜修的逝去而无法再回，"伦则夫妇，契兼朋友"成为他们夫妇俩深挚情感的最好诠释。

沈宜修去世一年后，叶世儋夭折，年仅六岁。再过五年，叶世俗夭折，年仅二十一岁。再三年叶世儋夭折，也是二十一岁。十年间叶家接二连三有八人去世，经济上更是捉襟见肘。因此，小鸾的棺木一直没能入土为安。直到八年之后，才和弟弟世僖、世儴、姐姐纨纨等人的棺木一起，权厝于宝生庵后的荷花池北。

叶绍袁除了叶氏姐妹之外，还有八子，除世儴外皆有诗文。他们是长子叶世佺（1614～1659）、次子叶世偁（1618～1635）、三子叶世俗（1619～1640）、四子叶世侗（1620～1657）、五子叶世儋（1624～1643），六子叶世倌（1627～1703），七子叶世侄（1629～1657）。可惜的是，除了叶世倌（后改名叶燮）外，其他七子皆因病早夭。即便如此，他们之中，或"运笔淡古，殊有汉魏风味"，或"文品清贵而韶秀，神姿俊洁以安详"，显示出了深厚的文学修养和特有的天资灵性。

在他们中间，六子叶世倌（叶燮）不仅在诗歌上颇有造诣，更在诗学理论上显示了卓越见解，成为清代最有成就的学者之一。叶燮有《已畦诗文集》三十二卷和《原诗》四卷，尤以《原诗》奠定了他诗文家的地位。到了清朝政局稳定之时，叶燮为了家族复兴重新选择科举出仕，但因为个性敏感率真，无法立足官场，终罢官而去，筑室吴江横山，著书讲学，广收弟子，世称"横山先生"。他的学生沈德潜、张玉书等，都是当时政坛及文坛的风云人物。

从此，江南叶家便走向了衰落。清兵南下前，江南还未被战火波及，尚可偏安一隅，弘光小朝廷曾任命叶绍袁担任礼部郎中。大诗人宋琬也曾来到叶绍袁家避难。弘光元年（1645），清廷派多铎率军南下，江南也陷入了战乱之中。

叶绍袁与叶世侗等三子弃家入山为僧，远离尘世。从家里出来之时，叶绍袁随身只携带《午梦堂集》、妻子和儿女们的遗像七轴、家谱一帙以及他本人的诗文杂著八本等。后来的日子里，他到处漂泊流浪，一边为抗清义师密谋策划，一边撰写《甲行日注》《湖隐外史》等重要著作。直到去世，叶绍袁一直未能再返回吴江故里。

十多年后，叶小纨重回午梦堂，此时午梦堂已经是青苔遍布，渺无人烟。小纨漫步故园。曾经，这里欢声笑语，其乐融融，才思敏捷的妹妹叶小鸾，冰雪聪明的姐姐叶纨纨，慈爱温柔的母亲沈宜修，宽厚温和的父亲叶绍袁……往日幸福的一幕幕在她心头浮现。然而眼前，却是一片荒凉，落花飞絮，累累青梅，浮云逝水，夕阳残照……她再也找不回以往的一切，人世沧桑，家国破碎，流年已逝。她含泪写下一首《临江仙·经东园故居》：

> 旧日园林残梦里，空庭闲步徘徊。雨干新绿遍苍苔。
> 落花惊鸟去，飞絮滚愁来。
> 探得春回春已暮，枝头累累青梅。年光一瞬最堪哀。
> 浮云随逝水，残照上荒台。

叶小纨一生经历了太多次与父母姐妹的生离死别，她的泪流尽了。叶燮在《仲姊小纨诗集》序言中言："然余伯仲季三姊氏，自幼闺中相唱和。迨伯季两姊氏早亡，仲姊终其身如失左右手，且频年哭母、哭诸弟，无日不郁郁悲伤，竟以忧卒焉。"

顺治五年（1648），叶绍袁卒于平湖孝廉冯兼山之别墅耘庐，终年六十岁。清康熙时蒋景祁在他所编定的《瑶华集》中，把叶绍袁列为仅次于钱谦益的江南第二大词人。

顺治十四年（1657），叶小纨病逝，终年四十三岁。临死前，小纨将诗稿交给女儿，希望她带回汾湖故园，并给女儿沈树荣留诗一首《病中检杂稿付素嘉女》："伤离哭死贫兼病，写尽凄凉二十年。付汝将归供洒泪，莫留闺秀姓名传。"

"百年风雅几人存，午梦堂空尚有村。一望暮烟秋草碧，何人为吊旧王孙？"此前，叶绍袁曾将三幼孙托付给族人养育，又将家中女眷寄于叶氏家庵，"一门风雅，终成历史烟尘；绝代女子，化着天半朱霞"。

五十年后，寓居吴江横山的小鸾六弟叶燮前来宝生庵归葬兄姐，小鸾姐弟的权厝之所终于得以一起封筑。

天仙子　龚自珍

天仙偶厌住琼楼，乞得人间一度游。被谁传下小银钩？

烟淡淡，月柔柔，伴我熏香伴我修。

第十一章
返生香集：
旧日园林残梦里

汾水香奁，最怜午梦

叶小鸾夭折后，叶绍袁整理女儿的遗作，并将亲朋好友为她所作的悼亡诗文合成一集，取名《返生香》。沈自炳为《返生香》作序，在序言中说：

> 《十洲记》曰，西海中洲上有大树，芳华香数百里，
> 名为返魂，亦名返生香。笔墨精灵，庶几不朽，亦死后
> 之生也，故取以名集。

《返生香》又名《疏香阁遗集》，收录小鸾诗 103 首、偈 1 首、词 90 首、曲 1 首、拟连珠 9 首、序 1 篇、记 2 篇。小鸾的诗词既

有吟花咏草、四时歌赋，又有唱和酬答、抒情述怀，足见清丽脱俗的气质和令人惊叹的才情。《返生香》收录的叶小鸾所写的诗文时间多集中在她 12 岁至 17 岁之间，多抒写闺阁的闲情逸致、风花雪月、喜怒哀乐、悲欢离合等。诗文清新可人，炼字精巧，极具灵气，别有一番情致，呈现出清逸哀艳的风格，令人读之不禁倾倒赞叹。

　　王端淑在《名媛诗纬》中的评语为："琼章诗冷艳，读之使人伤心，常觉红泪弹空唾壶俱赤然。掩卷余香，口齿清历，想见其人之艳。原序称其性不喜拘简，能饮酒，善言笑，古今自无痴板才人，故宜尔尔也。尤妙未归而逝，芙蕖半吐，情绪绵绵，如使绿叶成阴，风愁雨恨，杜牧扬州之梦寂然与尽矣。复述其仙游官渺一段，情事甚奇，未免文人妆点。七才子之称，琼章实不愧云。"

　　陈廷焯《白雨斋词话》卷三曰："叶小鸾词笔哀艳，不减朱淑真。求诸明代作者，尤不易觏也。"卷五曰："闺秀工为词者，前有李易安，后则徐湘蘋。明末叶小鸾较胜于朱淑真，可为李、徐之亚。"诸多评论中，都将叶小鸾与名士大家相提并论，评价不可谓不高。可叹的是，千古文章未尽才，若是小鸾不早逝的话，她还将留下多少令人惊艳的诗词呀。

　　《返生香》没有单行本行世，而是收进《午梦堂集》流行于世。明代崇祯九年（1636），叶绍袁为纪念辞世的妻女，怀着悲痛的心情精心编辑了一部诗文合集《午梦堂集》刊刻行世。他不仅细心整理编辑了妻女的作品，而且还在不少诗文后面写下了感情真挚的评语，寥寥数句，便在笔墨中勾画出了当时的情境心态，使人读之不禁潸然泪下。

1636 年的版本共收录十种作品：沈宜修的诗文集《鹂吹》、沈宜修所编同朝才女诗文集《伊人思》、叶纨纨的诗文集《愁言》、叶小鸾的诗文集《返生香》、叶绍袁怀念妻女写下的《窈闻》《续窈闻》《秦斋怨》、沈氏亲友悼念文集《屺雁哀》《彤奁续些》、叶世俦的诗文集《百旻草》（这里不包括后来叶燮所撰的三十二卷诗文以及被推崇的"开一代风气之作"的诗歌理论《原诗》四卷）。《午梦堂集》一问世，立即广为流传。其中所展现出来的家族才华、夫妻之情、手足之意，都让世人震撼不已。《午梦堂集》里的文字，有一种飘逸空灵而又文雅知性的气质，其中，以叶小鸾的《返生香》最为引人注目。叶绍袁也认为，"诸儿女中，汝（叶小鸾）最挺出"。

后来，《午梦堂集》又陆续在明末及清代出现八种不同的版本，其中收录的作品数量也有差异。有明崇祯曹学佺序本（八种），清顺治十八年（1661）抄本（八种），清乾隆二十三年（1758）刊本（六种），清康熙二十五年（1686）本。清人叶德辉根据明崇祯十二年（1639）曹学佺序本重新辑刻，收《鹂吹》《彤奁续些》《窈闻》（含《续窈闻》)《伊人思》《秦斋怨》《屺雁哀》《百旻草》《返生香》《愁言》《鸳鸯梦》《灵护集》《琼花镜》，共十二种。自此《午梦堂集》已经趋于完备，收录内容是历代最多的。

徐树敏、钱岳在《众香词序》中评价："汾水香奁，最怜午梦，每吟减字偷声之句，如见细腰纤手之人。"陈去病在《五石脂》中云："沈、叶二氏，俱系松陵望族，而互为姻娅，事尤绝类朱、陈。天寥初娶宛君夫人，名宜修，即君晦女兄，雅擅词藻，所生子女十五人（当为十三人），并有夙慧，而三女小鸾字琼章，尤明艳若仙，一时闺门之内，父兄妻子，母女姊妹，莫不握铅椠而怡风月，弃针管而事吟哦。新妇于归，习于家法，亦皆斐然有作，敏妙可观，故《午梦堂集》十二种，流播几遍海内。"清人沈德潜认为，《午梦堂集》中包括叶小鸾在内的闺秀之作，"诗词歌曲悉包唐宋金元之精，庶几婉顺幽贞不拂乎温柔敦厚之音者"。而曹学佺在《午梦堂集序》里则发出了"文人多厄，不独须眉，彤管玉台，俱所难免"的感怀。

叶绍袁的朋友徐匡秋在读《午梦堂集》后赞道：

> 风雅为家教，和平被一时。
> 词坛俱小子，文阵得雄狮。
> 门内人人集，闺中个个诗。
> 郑公还有婢，出语解人颐。

在《午梦堂集》中，叶小鸾的父母、姐弟、亲友都有诗文悼亡，篇词近百。如沈自炳《返生香序》所云："琼章之没，大小皆有诗文祭之，雅丽可观，殆其性然欤。"叶绍袁又将名媛、亲友的悼念之诗文词（包含续作）汇为《彤奁续些》。

叶绍袁几年间痛失数位亲人，悲痛难解，于是便在诗文中开解自己，他写下了《窃闻》和《续窃闻》两部幻想作品。在他的想象中，妻子和女儿死后升仙，在仙界过着自在的生活，永不受尘世烦扰。只是，梦醒之后，心痛仍然难忍。"一朝永别，千载无期，人生痛哀，有甚此欤！"梦境仙事是叶绍袁内心对于现实的补偿与逃避，但是终究无法真正慰藉他的痛苦与神伤。

他也多次延请当时一些扶乩招魂者来为妻女招魂。其中一位被称为"泐大师"的，颇为有名，有研究者考证他实际上为明末著名文学家金圣叹。他即兴为《彤奁续些》所作题词，博得叶绍袁"精言丽彩，挥洒错落，笔不停手，应接靡暇。鸿文景烁，灵篇晖耀，真上超沈、谢，下掩庾、徐"的由衷叹赏。

叶绍袁在《续窈闻》中记载了这样一件事：叶小鸾死后，泐大师在叶家进行了一次扶乩活动，断言叶小鸾之前身为"月府侍书女"，名为寒簧；并再现了小鸾死时的光景："去时但见童面如玉，女面如珠，紫金幢、赤珊瑚节、大红流苏结为台阁，青猊驾桥，赤虬骖乘，黄云盖顶，青云捧足，红云开路，白云护身。尔时殊乐，不知苦也。"大师召来已是"月府侍书女"的叶小鸾的灵魂，灵魂表示愿从师受戒。大师说，受戒之先，必须审戒，便审问她生前种种罪过。她都一一以诗句相答，且语极绮丽。

> 女云："愿从大师授记，今不往仙府去矣。"师云："既愿皈依，必须受戒。凡授戒者，必先审戒。我当一一审汝，汝仙子曾犯杀否？"女对云："曾犯。"师问："如何？"女云："曾呼小玉除花虱，也遣轻纨坏蝶衣。""曾犯盗否？"女云："曾犯。不知新绿谁家树，怪底清箫何处声。""曾犯淫否？"女云："曾犯。晓镜偷窥眉曲曲，春裙亲绣鸟双双。"
>
> 师又审四口恶业，问："曾妄言否？"女云："曾犯。自谓前生欢喜地，诡云今坐辩才天。""曾绮语否？"女云："曾犯。团香制就夫人字，镂雪装成幼妇辞。""曾两舌否？"女云："曾犯。对月意添愁喜句，拈花评出短长谣。""曾恶口否？"女云："曾犯。生怕帘开讥燕子，为怜花谢骂东风。"

师又审意三恶业："曾犯贪否？"女云："曾犯。经营缃帙成千轴，辛苦莺花满一庭。""曾犯嗔否？"女云："曾犯。怪他道辊敲枯砚，薄彼崔徽扑玉钗。""曾犯痴否？"女云："曾犯。勉弃珠环收汉玉，戏捐粉盒葬花魂。"

师大赞云："此六朝以下，温李诸公，血竭髯枯，矜诧累日者，子于受戒一刻，随口而答，那得不哭杀阿翁也。然则子固止一绮语罪耳。"

这些对话，勾勒出一位轻盈灵动、俏皮伶俐的大家闺秀形象，她热爱大自然，眷念青春，钟爱美和自由，倔强而有个性，灵气逼人。这段对话经由叶绍袁《续窈闻》的记载而广为流传，构成了后来叶小鸾形象最为生动的精神内核。钱谦益不仅赞赏叶小鸾的"矢口而答，皆六朝骈俪之语"，且将其呈泐师之诗，编入《列朝诗集》中。

笔墨精灵，庶几不朽

叶小鸾超凡脱俗的美貌才情以及青春早逝的不幸命运，让文人们为之感叹，为之提笔。从晚明到清代，涉及叶小鸾诗词的各类著述数不胜数，她的诗词、事迹除了在《午梦堂集》可以见到之外，明清时期的文学选集亦颇多收录，如钱谦益《列朝诗集》、周亮工《因树屋书影》、邹漪流《女仙传》、彭孙贻《茗斋诗余》、陈维崧《妇人集》、朱彝尊《明诗综》、冯金伯《词苑萃编》、周铭《林下词选》、袁枚《随园诗话》、叶燮《午梦堂诗钞》、王端淑《名媛诗纬》、陈廷焯《白雨斋词话》等。

清初苏州才子尤侗曾写下《钩天乐》传奇，把叶小鸾也写入了这部传奇之中。在《钩天乐》传奇中，男主人公沈白怀才不遇，在科举中名落孙山，他的未婚妻寒簧才色倾城，却在婚前忧郁逝世。后来寒簧被瑶池王母召为散花仙史，而沈白也被天庭选为状元，两人在月宫团圆，终成眷属。第八出《嫁殇》，当听到母亲说"拣定今月十五日"成婚后，寒簧问侍儿："今日几日？"侍儿答："初十了。"寒簧又说："如此甚速，如何来得及！"与沈宜修《季女琼章传》所记叶小鸾逝世前的情形几乎一样。

尤侗对叶小鸾一直抱有一种仰视和倾慕的心态，曾作《戏集返生香句吊叶小鸾》十首，其中一首为：

> 定应握手几时同，月白风清愁万重。
>
> 人向暮烟深处忆，疏香满院闭帘栊。

其好友汤传楹曾云："展成自号三中子，人不解其说，予曰：'心中事，《扬州梦》也；眼中泪，哭途穷也；意中人，《返生香》也。'"

在尤侗《西堂全集》中，涉及叶小鸾的诗词作品有多篇，如《戏集返生香句吊叶小鸾》十首、《和叶小鸾梦中作》《吊返生香》等，字字句句都是对叶小鸾的赞赏。他的三个女儿均以"琼"字命名，并表示："松陵素称玉台才薮，而叶小鸾《返生香》仙姿独秀。虽使漱玉再生，犹当北面，何况余子？其对渤师语云：'团香制就夫人字，镂雪装成幼妇词。'请借两言，以弁'林下'之集。"

清代文学家袁枚在《随园诗话》中还记载了自己梦遇叶小鸾的事情："甬东顾鉴沙，读书伴梅草堂，梦一严装女子来见，曰：'妾，月府侍书女，与生有缘。今奉敕赍书南海，生当偕行。'顾惊醒，不解所谓。后作官广东，于市上买得叶小鸾小照，宛如梦中人，为画《横影图》索题。"

渌大师与"叶小鸾"的对话，也屡屡被人在文中模仿。如清代沈起凤《谐铎》中的《娇娃饭佛》篇，15岁少女沈绮琴与戒律僧慧公的对话即是模仿渌大师与叶小鸾，作者明言此"与叶小鸾参禅一案，并为词坛佳话"。王韬《遁窟谰言》卷六《珊珊》提及屈楚香行法事，也是"因登座为姗来说法，效叶小鸾故事"。

就连《红楼梦》七十六回中，林黛玉与史湘云月下联诗，湘云对出一句"寒塘渡鹤影"，黛玉沉思良久，终于对出了"冷月葬花魂"。湘云拍手叹为妙对，赞其"清奇诡谲"。而这一句却是由叶小鸾的"抛弃珠环收汉玉，戏捐粉盒葬花魂"诗句化来的。

因叶小鸾与林黛玉同为年少夭亡，又同是明慧灵隽、风露清愁、孤高自许的少女，曹雪芹的祖父曹寅又曾与叶小鸾的六弟叶燮往来甚密，因此，也有研究者认为，叶小鸾就是《红楼梦》中"世外仙姝"林黛玉的原型，也颇有几分可取之处。

叶小鸾去世几十年后，叶家已经是荒凉一片，午梦堂再也没有了往日的生机。明末清初词坛第一人、阳羡词派领袖陈维崧在经过叶小鸾旧日书房的时候，想起那早逝的天才少女，面对荒凉景色，写下了《过秦楼·松陵城外经疏香阁故址感赋》：

> 鸟啄双环，蝶粘交网，此是阿谁门第？垫巾绕柱，背手循廊，直恁冷清清地。想为草没空园，总到春归，也无人至。只樱桃一树，有时和雨，暗垂红泪。
>
> 料昔时、人在小楼，窗儿帘子，定比今番不似。望残屋角，立尽街心，何处玉钗声腻？惟有门前远山，还

学当年，眉峰空翠。忆香词尚在，吟向东风斜倚。

清代孙道乾在《小螺庵病榻忆语题词》中为其作诗二首。其一为：

> 手把芙蓉返帝乡，小鸾仙去月华凉。
> 伤心白发梅花叟，挥泪重编《午梦堂》。

民国初，南社的柳亚子曾作《高阳台》：

> 午梦堂空，疏香阁坏，芳踪一片模糊。衰草斜阳，凉风摇动菰芦。深闺曾煮蕉窗梦，到而今，梦也都无。最伤心，镜里波光，依旧汾湖。
> 披图遥忆当年事，记一门风雅，玉佩琼琚。一现昙华，无端零落三珠。孤臣况又披缁去，莽中原，哭遍榛芜。剩伊人，吊古徘徊，感慨穷途。

叶小鸾的一些遗物也因为主人的原因而显得分外珍贵，特别是当时舅父赠她的眉子砚。小鸾去世后，随着午梦堂败落，这砚也从疏香阁流出，辗转世间。而有幸得到它的文人也往往睹砚思人，写下了不少怀古佳作。影响最大的应是龚自珍《天仙子》：

> 天仙偶厌住琼楼，乞得人间一度游。被谁传下小银钩？
> 烟淡淡，月柔柔，伴我熏香伴我修。

叶小鸾诗文中所流动的灵隽清丽、哀艳忧郁，对时光飞逝的惋惜和对生命无常的忧虑，都能唤起文人对人生与命运的深沉思索与深入探究。而她是一个琴棋书画、诗词歌赋全能的才女，她异乎寻常的美貌与才情，还有谜一样的早逝——青春正好时生命却戛然而止，正如一朵花开得正好时却永远定格——这也让当时的文人们感叹不已，因此构建了异常丰富的审美想象。她成为文人心中永远的传奇，在文学作品中不断重生，成为真正意义上的"笔墨精灵"。

附录

季女琼章传　沈宜修

女名小鸾，字琼章，又字瑶期，余第三女也。生才六月，即抚于君庸舅家。明年春，余父自东鲁挂冠归，余归宁，值儿周岁，颇颖秀。妗母即余表妹张氏，端丽明智人也，数向余言：是儿灵慧，后日当齐班、蔡，姿容亦非寻常比者。

四岁，能诵《离骚》。不数遍即能了了。又令识字，他日故以谬戏之，儿云："非也，母误耶？"舅与妗甚怜爱之。十岁归家，时初寒，清灯夜坐，槛外风竹潇潇，帘前月明如昼。余因语云："桂寒清露湿。"儿即应云："枫冷乱红凋。"尔时喜其敏捷，有"柳絮因风"之思。悲夫！岂竟为不寿之征乎？

后遭妢母之变，舅又久滞燕都，每言念顾复之情，无不唏嘘泣下。儿体质姣长，十二岁，发已覆额，娟好如玉人。随父金陵，览长干、桃叶，教之学咏，遂从此能诗。今检遗箧中，无复一存，想以小时语未工，儿自弃去邪？十四岁，能弈。十六岁，有族姑善琴，略为指教，即通数调，清泠可听，嵇康所云"英声发越，采采粲粲"也。家有画卷，即能摹写。今夏，君牧弟以画扇寄余，儿仿之甚似。又见藤笺上作落花飞蝶，甚有风雅之致，但无师传授，又学未久，不能精工耳。

性高旷，厌繁华，爱烟霞，通禅理，自恃颖姿，尝言"欲博尽今古"，故为父所钟爱，然于姊妹中，略无恃爱之色。或有所与，必与两姊共之。然贫士所与，不过纸笔书香而已。衣服不喜新，即今年春夏来，余制罗衫裙几件，为更其旧者，竟不见着。至死时检之，犹未开折也。其性俭如此。因结褵将近，家贫无所措办，父为百计营贷。儿意甚不乐，谓"荆钗裙布，贫士之常，父何自苦为"。然又非纤啬，视金钱若浼，淡然无求，而济楚清雅所最喜矣。

儿鬒发素额，修眉玉颊，丹唇皓齿，端鼻媚靥，明眸善睐，秀色可餐。无妖艳之态，无脂粉之气。比梅花，觉梅花太瘦，比海棠，觉海棠少清，故名为丰丽，实是逸韵风生。若谓有韵致人，不免轻佻，则又端严庄靓。总之王夫人林下之风，顾家妇闺房之秀，兼有之耳。父尝戏谓"儿有绝世之姿"，儿必愠曰："女子倾城之色，何所取贵，父何必加之于儿？"己巳，十四岁，与余同过舅家，归时，君晦舅赠儿诗，有"南国无双应自贵，北方独立讵为惭，飞去广寒身似许，比来玉帐貌如甘"之句，皆非儿意中所悦也。一日晓起，立余床前，面酥未洗，宿发未梳，风神韵致，亭亭无比，余戏谓之曰："儿嗔人赞汝色美，今粗服乱头尚且如此，真所谓笑笑生芳，步步移妍矣，我见犹怜，未知画眉人道汝何如？"悲夫！执意儿床前之立，今不复见，夫妇不得一识面乎！

作诗不喜作艳语，集中或有艳句，是咏物之兴，填词之体，如秦少游、晏小山代闺人为之耳。如梦中所作《鹧鸪天》，此其志也。每日临王子敬《洛神赋》，或怀素草书，不分寒暑，静坐北窗下，一炉香相对终日。余唤之出中庭，方出，否则默默与琴书为伴而已。其爱清幽恬寂有过人者。又最不喜拘检，能饮酒，善言笑，潇洒多致，高情旷达，夷然不屑也。

性仁慈宽厚，侍女红于，未曾一加呵责。识鉴明达，不拘今昔间事，言下即了然彻解，或有所评论，定出余之上，余曰："汝非我女，我小友也。"

九月十五日，粥后，犹教六弟世侚暨幼妹小繁读《楚辞》。即是日，婿家行催妆礼至，而儿即于是夕病矣。于归已近，竟成不起之疾。十月十日，父不得已，许婿来就婚，即至房中，对儿云："我已许彼矣，努力自摄，无误佳期。"儿默然，父出，即唤红于问曰："今日何日？"云："十月初十。"儿叹曰："如此甚速，如何来得及？"未免以病未有起色，婿家催迫为焦耳。不意至次日天明，遂有此惨祸也。闻病者体重则危，儿虽愈，举体轻便，神气清爽，临终略无惛迷之色。会欲起坐，余恐久病无力，不禁劳动，扶枕余臂间，星眸炯炯，念佛之声明朗清彻，须臾而逝。余并呼数声，儿已不复闻矣。

初见儿之死也，惊悼不知所出，肝肠裂尽，血泪成枯。后徐思之，儿岂凡骨，若非瑶岛玉女，必灵鹫之侍者，应是再来人，岂能久居尘世耶？死后，日夜望其再生，故至七日方入殓。虽芳容消瘦已甚，面光犹雪，唇红如故。余含泪书"琼章"二字臂上，尚柔白可爱，但骨瘦冰冷耳，痛哉！

初，儿辈在外塾，各有纸记遍，余仿样以木为之，取其不易损坏。兹九月初，儿亦请作一面，手书其上"石径春风长绿苔"一句，问之，曰："儿酷爱此语。"尔时不觉，今忆之，乃刘商诗，上句是"仙人来往行无迹"也，岂非谶乎？儿真仙去无疑矣。

十一月初二夜，五儿世僐，梦见儿在一深松茂柏茅庵中，凭几阅书，幅巾淡服，神色怡畅，傍有烹茶人，不许五儿入户，隔窗与语而别。五儿尚幼，故但能忆梦境，不复忆所语也。五儿云："山名亦恍恍若忆，觉后忘之。"后数日，大儿世佺亦梦见以松实数合相遗。余记陈子昂诗，有"还逢赤松子，天路坐相邀"之句，儿之夙慧异常，当果为仙都邀去耳。或有讥余妄言，效古《长恨歌》之说。呜呼！爱女一死，痛肠难尽，泪眼追思，实实写出，岂效才人作小说欺世邪？

儿生于丙辰年三月初八日卯时，卒于崇祯壬申年十月十一日卯时，年十有七岁。许字昆山张家。婿名立平，长我女一岁，早有文誉。卜于是月十六日成婚，先期五日而卒，夫妇不及一相见。余所未经之惨，恐亦世间未有之事，伤哉痛哉！此肝肠寸碎中，略记一二，不能尽述也。

返生香序　沈自炳

尝闻龟山少女，名署玉书；南岳夫人，歌闻云璈。华巅朱履，因乱世而升云；刘氏白鹅，厌尘氛而度世。诚以天资绝俗，秀气凌烟，中怀潇洒林下之风、飘遥出尘之想，岂能抑遏志于金屏，老云翘于珠户哉！盖吹笙驭凤，非俗世之宾；栖月乘鸾，岂人间之妇。是以流霞玉英，不同金石之玩；琪花朱草，鲜齐桃李之芳。九英之芝，莫育于常圃；五色之泉，不流于浊溪。何则？物有姱而自贵，性有异而独遥，殊情孤迈，隽采易迁，斯神明之灵淑，固溷浊之所难留也。

夫古之淑媛秀质，金闺雅丽之姿，椒房窈窕之选，亦有明诗娴礼，摛赋擅词，令辞敷洒，昭宣德闻，册光丽采，墨镂芳华，馨播词人之口，照耀文士之目。然或兰摧别苑，珠碎高楼，长门永叹，塘上空悲；或辞身乡国，崎岖异域，陨魄胡沙，埋魂驿路。莫不泣饮寒声，愁衔弱影。琵琶夜月，恨与雁而长飞；绣岭春风，怨随花而不落。爰思淑姿令终，多才而寡累者，固什不获二三也。岂若御青霞、人紫霄、友素娥而侣宓妃哉。

余甥琼章，叶虞部仲韶之三女也。生而灵异，慧性夙成；长而容采端丽，明秀绝伦。翠羽朝霞，同于图画，轻云迥雪，有似神人。年十余，知词赋。十三四，工篇章，并古文及齐梁体，皆过目成诵，操翰成章，朗隽逍逸，咸尊其致。十五学琴与弈，摹古人书画，无师而解其意。举止庄静，不妄言笑，史书所称，无以过也。乃复身存华闳，志逸烟峦，以婉娈之年，怀高散之韵。紫水芙蓉之咏，半属游仙；锦书飞云之编，爰思大道。寓怀双鹤，无非玩水之词；寄意六花，尽皆瑞叶之句。梦越红泉，瑶姬不远；情依碧峤，银阙非遥。斯诚达人之所几，讵知才士之所及。至年十七，将嫁而遽陨。速殒之日，玉色辉朗，朱唇鲜泽，举体轻柔，类同尸解。稽其既没之景，合其生存之辞，若符一致，固非冯双之偶降，即同兰香之再生矣。由斯以谭，心高五岳，气轶层霄，方且耻彩鸾之多嫁，訾弄玉之有夫，焉肯画眉玉镜，掩袂凤帷也哉。嗟夫！神山万里，方士望而难来；灵鹤千年，华表归而无日。金罍月冷，爰同玉女之壶；花砌苔封，既是麻姑之石。邈哉邈矣，孰可谖焉。

母氏宛君，吾家道韫也。教三女：长昭齐、次蕙绸，皆知诗属文，而琼章尤为挺拔，如刘家令娴，竟芳年早世，悲夫惜哉！仲韶文章才行，既显厥世，儒雅风藻，洽于家庭。故诸子能言即知诵诗，毁齿即能为文。琼章之没，大小皆有诗文祭之，雅丽可观，殆其性然欤？咸集而著之于世，览者明焉。时崇祯壬申十有一月，沈自炳君晦题。

参考文献

参考书目

1. 叶绍袁《午梦堂集》，中华书局 2015 年版。

2. 陈廷焯《词则》，上海古籍出版社 1984 年版。

3. 王国维《人间词话》，人民文学出版社 2002 年版。

4. 钱谦益《列朝诗集小传》，上海古籍出版社 1983 年版。

5. 徐培均《李清照集笺注》，上海古籍出版社 2002 年版。

6. 谭正璧《中国妇女文学史话》，百花文艺出版社 1985 年版。

7. 胡文楷《历代妇女著作考》，上海古籍出版社 1985 年版。

8. 张宏生《明清文学与性别研究》，江苏古籍出版社 2002 年版。

9. 唐圭璋《词话丛编》，中华书局 1986 年版。

10. 张仲谋《明词史》，人民文学出版社 2002 年版。

11. 严迪昌《清词史》，江苏古籍出版社 2001 年版。

12. 叶嘉莹《迦陵论词丛稿》，河北教育出版社 1997 年版。

13. 邓红梅《女性词史》，山东教育出版社 2000 年版。

14. 赵雪沛《明末清初女词人研究》，首都师范大学出版社 2008 年版。

15. 施淑仪《清代闺阁诗人征略》，上海书店 1987 年版。

16. 朱萸明《明清文学群落——吴江叶氏午梦堂》，上海人民出版社 2008 年版。

17. 吴秀华、林岩《枫冷乱红凋——叶氏三姐妹传》，花山文艺出版社 2001 年版。

18. 孔彩虹《旧时月色：中国古代才女十二钗评传》，安徽教育出版社 2016 年版。

期刊论文

1. 邓红梅《女性词综论》，《文学评论》2002 年第 1 期。

2. 高峰《明清女性词人的易安情结》，《南京师范大学学报：社会科学版》2011 年第 5 期。

3. 蔡静平《少女身世可堪怜—明末才女叶小鸾的生死之谜》，《阜阳师范学院学报：社会科学版》2003 年第 1 期。

4. 陈书录《"德、才、色"主体意识的复苏与女性群体文学的兴盛——明代吴江叶氏家族女性文学研究》，《南京师范大学学报：社会科学版》2001 年第 5 期。

5. 吴碧丽《文学与生活的融合——明末清初吴江叶氏家族的日常生活与文学活动》《徐州师范大学学报：哲学社会科学版》2006 年第 5 期。

6. 李真瑜《略论明清吴江沈氏世家之女作家》，《中华女子学院学报》2001 年第 4 期。

7. 郝丽霞《吴江沈氏女作家群的家族特质及成因》，《山西大学学报：哲学社会科学版》2003 年第 6 期。

8. 姜光斗《〈午梦堂集〉的文学成就》，《南通师范学院学报：哲学社会科学版》

2001 年第 2 期。

9. 郭延礼《明清女性文学的繁荣及其主要特征》,《文学遗产》2002 年第 6 期。

10. 陆林《〈午梦堂集〉中"泐大师"其人——金圣叹与晚明吴江叶氏交游考》,《西北师范大学学报：社会科学版》2004 年第 4 期。

11. 郝丽霞《吴江沈氏家族的女性文学意识》,《淮南师范学院学报》2005 年第 4 期。

12. 彭娟《午梦堂作家群的文学成就》,《湖南第一师范学报》2006 年第 4 期。

图书在版编目（CIP）数据

明末才女叶小鸾：琴书为伴，人间清欢 / 张觅著.
—郑州：中州古籍出版社，2019.5
（才女书系）
ISBN 978-7-5348-8569-3

Ⅰ.①明… Ⅱ.①张… Ⅲ.①叶小鸾（1616～1632）
—传记 Ⅳ.①K825.6

中国版本图书馆CIP数据核字（2019）第062913号

选题策划：梁瑞霞
责任编辑：梁瑞霞
责任校对：王淑玲
装帧设计：曾晶晶

出版发行　中州古籍出版社
　　　　　地址：河南省郑州市郑东新区金水东路39号
　　　　　邮编：450016
　　　　　电话：0371-65788693
经　　销　新华书店
印　　刷　河南瑞之光印刷股份有限公司
版　　次　2019年5月第1版
印　　次　2019年5月第1次印刷
开　　本　640毫米×960毫米　1/16
印　　张　15印张
字　　数　150千字
定　　价　39.80元

本书如有印装质量问题，由承印厂负责调换。